知ってるようで知らない日本語クイズ

答えられそうで答えられない語源

出口宗和［著］

はじめに

昔、町内にはかならずモノ知り（ワケ知りというか）の、ご隠居がいたものだ。縁台将棋にお化け話は、夏休みの楽しみだった。テレビのない時代の話。

子供のくだらない疑問にもご隠居は答えてくれた。

「おっちゃん、なんでウンコっていうんや」

「あほか。うーんと気張って、コロリと出るからや」

「なんでオナラっていうんや」

「簡単や。ブー、と鳴らすからや。鳴らす、つまりオナラや」

だいたい子供はこんな話が好きなんだ。母親に聞いたら怒られそうだから。

それから五十年余、小輩も隠居の年になってしまった。ついあのおっちゃんのことを思い出して、ちょっと調べてみると、なんとこれが正しい。ウンコもそう。

そしてオナラだが、ご隠居のいうとおり「鳴らす」からきていると。平安時代にはすでにそういわれていた。

「あやまりて、いと高く鳴らしけり」（『今昔物語』）。

鳴らすに女房（女官）言葉「お」をつけて「お鳴らす」「おなら」と。

だが、これだけでは面白くない。ここで『万葉集』（小野老《おののおゆ》）の有名な歌が。

「青丹《あおに》よし 奈良の都は咲く花の 薫《にほ》ふがごとく今盛りなり」

奈良が薫（におう）う。臭うのだ。だから「お奈良」。俗説だが、これのほうが面白い。

ついでに、くだらない話、もう一題。

友人の韓国人。真顔でこう主張する。くだらないモノは韓国にないと。昔、日本文化は先進国である「百済《くだら》」からやってきた。百済モノだ。だから未開国日本（倭国）のものは「百済モノではない」。くだらないと。文化はすべて「百済」というワケ。俗説も俗説だが、なかなかのものだ。

☆

斯様《かよう》なワケで今や「町内のご隠居さん」になった小輩が、これらをまとめてみようと思い立った。

もっとも、言葉の由来、語源というのが、これまたあやふやなモノ。諸説紛々である。ある本には「斯《か》くあり」、他の本では「斯くありケリ」と。ひとつの言葉にも、亦云《またい》う、亦云うと。これでは厖大《ぼうだい》な量の「大語源辞典」になってしまう。

そもそも辞書を編集するなら、何の肩書きのない、もちろん権威などさらさらない小輩など相手にされるワケがない。もちろん、ご隠居さんの「はなし」では、縁台で話す「ヨタ」ばなしでは、辞書にもならないのだ。

そこで、さんざん悩んだ挙げ句（フリをして、ですが）、代表的な説、いや面白い説、意外な説と、取捨選択というか換骨奪胎して、とうとう本書が出来上がった次第。

もともと網羅していないのだから、こんな説もある、これが正しいとか、根拠を挙げよとの「苦情は覚悟」であります。そこでまずは謝ります。すべて著者の浅学のセイであ

ますと。そして本書はあくまで「話のネタ」、「酒の肴」のつもりで読んでくださいと。町内のご隠居のタワゴトにつき、ここはよろしく寛恕くだされたしと。

言葉はおそろしい。ややこしい。時代によって意味が正反対に。また語源をたどれば肯定的であったのが、今は否定語として。さらに時代の「造語」も。とはいえ、これもあれも拾いまくった六〇〇余語……。

どのページから開いていただいても楽しめる言葉の世界。親類知人縁故関係巻き込んで、あらゆる場面で「話のネタ」としていただければ幸いです。

出口宗和　拝

もくじ

第一章 へえーっ！日本語って超不思議 25

青二才っていったい何才？
赤の他人っていうけれど、じゃあ、青の他人はいるの？
メドがようやく立ったのメドとは？
鼻っ柱の強いヤツの鼻に柱はあるの？
フに落ちないってどこに何が落ちないの？
おくびにも出さないのおくびとは？
小股の切れ上がった女の小股って、いったいどこ？
ろくでなしって七のこと？
ケンもホロロに断られたのケンって？　ホロロって？
しのつく雨のしのって女性の名？
何をいってもうわの空って、空の上のこと？
うだつがあがらないのうだつって？
三時のおやつは○○堂だが、おやつと三時の関係は？
オジャンになるって、どういうこと？
むちゃくちゃって、どこからきた言葉？
オツな女にせまられたい　どんな女？
ちょうちん持ちめっていうけれど、どうして？
この**ボンクラ**っていうときのボンクラって？
チャキチャキの江戸っ子って、どんな江戸っ子？
風呂敷って、お風呂に関係があるの？
ロートルと呼ばれるのは、いつごろから？
土産と書いて、どうして「みやげ」と読める？

目　次

ロハで飲ませてもらった　どういうこと?
たそがれって寂しい言葉?
按配を**塩梅**と書くようになったワケは?
紋切り型って、どんな型?
セッパつまるって、何が何につまったの?
ごまかすの語源は何?
さんさんごごというが、四四六六といわないのは?
にっちもさっちもいかないの「にっち」「さっち」とは?
ラチがあかないって、どこが開かないの?
高飛車という言葉はどこからきた?
引導を渡すとは、ヤクザ世界の言葉?
ヤニさがるの「ヤニ」って?
家が**火の車**って、どういうこと?
地道って、地味な道のこと?
モッケの幸いのモッケって何のこと?
サジを投げるって、誰が誰に投げるの?
てぐすねを引くの「てぐすね」とは?
油を売るって、ガソリンスタンドの店員の話?
行きがけの駄賃とは、宅配屋さんの話?
ウドの大木といわれるようになったワケは?
横紙破りの横紙とは?
ごり押しのごりって、いったい何?
垢抜けるの垢って、皮膚の汚れのこと?
手を焼くって、それじゃあ火傷しちゃう?
向こうズネを蹴飛ばされたの向こうズネって?
二の足を踏む。では一の足ってあるの?
目白押しがあるなら、目黒押しもある?
小春日和とは春の初め?
こけら落としのこけらって子ケラのこと?
うちょうてんになるな、とよくいわれるけど?
藪医者は竹ヤブに住んでいる?
トリを取りたいって！　あなた焼鳥屋さん……?
ついつい**ハメをはずす**って、いったい何をはずしたの?

もくじ

もくじ

千六本に切る、六本余分だが？

インドリンゴの産地は本当に猛暑のインド？

たなにあげるって、どこの棚？

しもたやとは風情のある言葉だが……実は？

ひなたぼっこの「ぼっこ」って？

フリチンとは裸で珍宝を振ること？

終わることを**おしまい**というのはなぜ？

無鉄砲な人って、武器をもっていないこと？

ヤケッパチのヤケって？ パチって？

ずぼしって、どんな星？

几帳面とは、どんな帳面？

かわりばんこの「ばんこ」っていったい何？

おあいそって、どうしていうようになったの？

どんぶり勘定って、丼で払う勘定のこと？

いかさまはバクチのときに使う言葉？

むしずが走るって虫が走ること？

ホットドッグ　焼いた犬ではないのに、なぜ？

白川夜船って、夜釣りをすること？

寝耳に水って、ずいぶん冷たそうだけど……？

いま「ジゴロ」、じゃあ、昔の「**ひも**」は？

「見てるだけ〜」の客を**ひやかし**というのは？

とっぴょうしのない話って、どんな拍子？

やまが当たる　どんな山？

お茶を濁すって、どんなときにできた言葉？

キザなヤツって、どんなヤツ？

数奇な運命って、どんな運命？

柳の下のドジョウに科学的根拠？

かつがれるとは、どこからきた言葉？

手前味噌って、どんな味？

「今日は**ダメ**よ」「**ダメ押し**」のダメとは？

ブキッチョと**ギッチョ**の語源は？

やにわに斬りつけるの「やにわ」って？

イチかバチかは本来なら三か十二か？

慇懃無礼なヤツとはよくいいますが……？

目次

練習の**コツ**、競馬の**コツ**、そして出世の**コツ**、
コツって何だ？
ビタ一文って、いったいいくらくらい？
大丈夫も知らないで大丈夫？
ケチをつける、ケチの語源って？
コケにされるの「こけ」とは？
くらがえって、よい意味？　悪い意味？
はったりをかますの「はったり」って何？
八百長試合は見たくないが、意味は知りたい
緑の黒髪、黒髪なのになぜ緑なの？
時代劇に出てくる**三度笠**って、どんな笠？
トウが立つのトウとは？
目線？　視線とどう違う？
大向こうって、どこにある？
食言　言葉を食べて、どんな味がするの？
ドドメ色って、どんな色？
マーボードウフの意外な由来とは？

しのぎを削る　何を削るの？
そりが合わないのそりって？
毎日**ハッパをかけられて**、サラリーマンはつらい
たらいまわしの由来は？
金輪際って、金のワッカですか？
かきいれどきには熊手が必要？
あとの祭りというようになったワケは？
どうしても**つじつま**が合わない？
ゲテモノ好きのゲテモノって？
えたいが知れない　為体とか衣体と書くが
いったい何のこと？
安堵の安は安心の安　では堵とは何だろう？
十六夜と書いて、なぜいざよいと読むのか？
嫁いびりのいびるの意外な語源とは？
若者言葉の**うざい**　語源的に検証すると？
横領というのは古代からあった言葉？

もくじ

第二章 意外や意外！この言葉には、こんな語源が 67

青田買いって青い田んぼを買うこと？
相棒の棒ってどんな棒？
海千山千に秘められた故事とは？
いっちょうら　一張羅の羅とは？
がんじがらめ　なぜ雁字搦めと書く？
あっぱれ　なぜ天晴れと書く？
しらふで口説くの「しらふ」とは？
にやけるの「にやけ」とは？
はらからは兄弟には使わない？
宴会のことをなぜ**うたげ**という？
二十歳のことをなぜ**はたち**という？
いたいけな幼児の「いたいけ」って？
鷹揚に構えるの鷹揚とは？
ほとぼりが冷めるの「ほとぼり」とは？
おっくう　億劫がなぜ「面倒」に？
よみがえるの「よみ」「かえる」って？
お茶の子さいさい「お茶の子」って何？
男色者のことをなぜ**オカマ**というのか？
きさまと罵る　なぜ貴様と書くのか？
お払い箱　もとは御祓箱と書いた
おすそわけ「おすそ」って何？
二束三文「二束」「三文」とは？
三面記事って第三面の記事のこと？
旅立ちのことをなぜ**たむけ**、**はなむけ**という？
思うつぼにはまるの「つぼ」って？
役に立たない者をなぜ**でくのぼう**というのか？

目　次

もくじ

おもしろいをなぜ**面白い**と書く？
盗人のことをなぜ**どろぼう**という？
悪党のボスをなぜ**おやだま**と呼ぶ？
村八分に秘められた掟とは？
とうへんぼく　唐変木ってどんな木？
はいからって英語からきていた！
気質を「かたぎ」と読むワケは？
けれんみのないの「けれんみ」とは？
ごろつきのさまざまな語源とは？
かねに糸目はつけないの糸目とは？
腕白、悪ガキのことを**ごんた**と呼ぶのは？
壁塗り工のことを**左官**というのは？
指南にひそむ古代中国の話とは？
おっとり刀ってどんな刀なのか？
機嫌をとることを**ごまをする**というのはなぜ？
汚いことを**びろう**というワケは？
すっぱ抜くの「すっぱ」とは？
仏頂面ってどんな顔のこと？
酒が飲めない人を**下戸**というのは？
長丁場になる　さて「長丁場」って何？
火蓋を切るの「火蓋」とは何のこと？
きら星の如く　キラキラ光る星？
丹前という名どこからつけられた？
風呂屋の下働き男を**さんすけ**というワケは？
したり顔の「し」と「たり」とは？
第六感とはどんな感覚？
ピカ一のピカって何だ？
たわけとはもともと古代のタブー？
不夜城　もともとは古代中国の城の名だった
～が**本命**　競馬の◎だが、由来は？
客のふりして品をほめる**さくら**の語源は？
元も子もない「元」とは？「子」とは？
あげ足をとる「あげ足」って？
ふざける　なぜ「巫山戯る」と書く？
二枚目、三枚目　何の二枚目、三枚目？
修羅場の修羅って何？

茶番劇　茶番狂言の略というが？
二の句が継げないの二の句って何？
馬脚をあらわすの馬脚とは？
ペケはどこの国からの言葉？
メリハリのメリとは？　ハリとは？
なぜ警護の浪人を**用心棒**という？
台所仕事の下女を**おさんどん**というのはなぜ？
くだらない　なぜ下らないと書く？
偶然のことをなぜ**まぐれ**という？
与太者の語源には諸説あるが？
正念場の語源は歌舞伎にあり！
ごちそうはなぜ御馳走と書く？
試金石ってどんな石？
梨園とは梨の果樹園のこと？
そば杖を食う　そば杖ってどんな杖？
ドラ息子のドラって何？
杓子定規　杓子を定規にすると？
台無しの台とはどんな台？
うつつを抜かすの「うつつ」って何？
うっちゃる　打ち遣るの変化だが？
片腹痛いの片腹とは何のこと？
ぎこちないの「ぎこち」とは何？
くたびれる　なぜ草臥れると書く？
猶予　猶には「猿」の意味も！
くびったけ　首にまつわる表現？
不良になることをなぜ**グレる**という？
力士の呼び名をなぜ**しこな**という？
たらふくを鱈腹と書く理由は？
なごりって名が残ること？
はっけよい　八卦良いが語源というが？
名伯楽　伯楽ってどんな人？
もしもし　昔は「申す、申す」？
くもすけ　雲助、蜘蛛助と書くが？
断腸の思いの哀しい語源とは？
両刀使いの両刀とは？
独眼竜　元祖は中国人だった！

もくじ

悪事を企む一味をなぜ**グル**という?

お年玉の玉は球のことではない?

シャバは苦しみの地か天国か?

吉原の太夫をなぜ**おいらん**という?

破天荒　天荒を破るの天荒とは?

わんぱく　語源は関白。なぜ?

万引き　万を引くの「万」って?

おんぞうし　御曹司の「曹司」とは?

なぜ旅立ちのことを**鹿島立ち**というのか?

なぜ青い春と書いて**青春**なのか?

しあわせ　もともとは「仕合わせ」

中元　もともとは中国の祭日

のっぴきならないの「のっぴき」とは?

しんまい　もとは「新前」と書いた。なぜ?

図に乗るの「図」とは何のこと?

ガタがくるの「ガタ」って何?

お色直しの本来の意味は?

毛嫌いの語源とは馬の種付けに関係?

タンカを切るのタンカとは?

ベソをかく　ベソって何のこと?

かったるい　江戸時代からの言葉だが

ステキ　素敵と書くがもとは素的

下駄をあずけるって誰に下駄をあずけるの?

カサに着るのカサって笠のこと?

脚色って足の色と関係ある?

うるさいの語源は諸説あるが……

ざらにあるの「ざら」って何のこと?

ひけをとらないの「ひけ」とは?

ちぐはぐの意外な語源とは?

ずぼらは坊主の逆読み!　なぜ?

しんどいは関西弁ではない?

あつかましい　何が厚いのか?

せこいの「せこ」って何だ?

ちっぽけ　人間の尻尾が語源?

うずたかい「渦高い」ではない!

おおっぴら「開く」と関係する?

もくじ

あんまり「あまり」とどう違う？
おしゃれ　お洒落と洒落の差は？
しみったれ「しみ」が「垂れる」？
彼氏は徳川夢声氏の造語か？
つまらない「詰まる」の否定語？
気の置けない　間違った使用例に注意！
ぐでんぐでん「ぐでん」って何？
けげん　元は仏教用語から！
わりない「理無い」と書くが？
極道って何を極めるのか？
きな臭いの「きな」って何だろう？
しつこい　執こいか躾濃いか？
がさつ　ガサツクから転じた？
冷たい　語源は爪痛しというが？
親切　親を切ることではない！
がめつい　菊田一夫氏の造語か？
ダサイ「無駄臭い」が変化？
べっぴん　別嬪の「嬪」とは？

まめな男の「まめ」って何だ？
よそよそしい　余所余所しいと書くが？
気さく　気がサクイ。サクイって？
やんちゃ　脂茶（やにちゃ）が語源？
物色　語源は中国にあり！
あてずっぽう　当ては適当、ずっぽうとは？
つわり　なぜ悪阻と書くのか？
なぜ母親のことを**おふくろ**という？
かかしは「嗅がし」が語源というが？
だんどり　もともとは歌舞伎用語！
ドジを踏む　ドジは相撲用語というが？
なぜ、いつわりのことを**うそ**というのか？
利子のことをなぜ、**利息**というのか？
まぐれ　語源は「まぐれる」だが？
はんなり　京言葉とは限らない！
かなでる　なんと踊りからの言葉！
おんのじ　なぜ「御の字」と書く？
ひもじい　なぜ「ひ文字」と書く？

目次

さめざめと泣くのは女性だけ！
たちまちは「急に」だと思っていたが？
どっこいしょ　相撲からきた言葉だ！
うっかりの語源は「浮かり」というが？
裏で**糸を引く**　納豆のことではない！
落とし前　もともとテキ屋の言葉
裏づけ　何の裏につけるのか？
戒名って本来は生者への法名！
かけおち　もとは「欠け落ち」？
ガッツ　英語からきている！
観光　何の光を観るのか？
きわもの　なぜ際物と書くのか？
シカト　語源は花札にあり!?
しょうもない「しょう」って何のこと？
しんがり　殿軍と書くのはなぜ？
やばい　もとは窃盗仲間の隠語
尋常　尋も常も長さの単位！
セレブ　英語からきているが……
そつがない「そつ」って何だ？
坊さんの妻をなぜ**大黒さま**という？
ためぐちの「ため」とは何だろう？
つてを頼るの「つて」って何？
でっちあげの「でつ」って何のこと？
臓物料理のことをなぜ**ホルモン**という？
僧のことをなぜ**坊主**という？
とんずら「とん」とは？「ずら」とは？
はしょる　何の端を折るのか？
八面六臂の六臂って何？
バッタもん　江戸時代からの言葉だが？
ダメになることをなぜ**ポシャる**という？
ぼったくり「ぼる」は暴利だが？
年老いた女性をなぜ**うば**という？
童謡の**カゴメ**の意外で素朴な語源は？
じじむさいの「むさい」とは？
じたばたのジタとは？　バタとは？
しょっちゅう　初中後の略というが？

もくじ

買わずに逃げることを**ションベンする**というのは、なぜ？
パクるはもともと警察の隠語！
マージャン　なぜ麻雀と書くのか？
嫉妬することをなぜ**焼き餅**を焼くという？
花街、色街のことをなぜ**花柳界**という？
えげつない「えげつ」って何のこと？
アゴアシつき　アゴとは？　アシとは？
タダ見の客のことをなぜ**アオタ**というの？
切り札の語源はトランプにあり！
いぶし銀の演技　銀を燻すとどうなる？

第三章
なるほど！常套句にひそむ古人の知恵　117

イダテンのように速い　イダテンとは？
油断の意外な語源とは？
死語になりつつある**半ドン**だが……？
超弩級のホームランって、どんなホームラン？
ピンからキリって、いったいどこからどこまで？
三国一の花嫁の三国って、どこ？
おてんばって、何語？
チョンガーを独身貴族と訳せる？
ヌーボーとした男って、どんな男？
ダンナ、このごろお見限りですねのダンナの語源は？
台風って、もちろん日本語でしょう!?
ズベ公って、ハチ公の親戚？

テンプラ学生って、学歴詐称であげられるから？
あうんの呼吸の「あうん」って何？
あげくの果てにって、どこの果て？
美人局をなぜツツモタセと読むの？
三下野郎や**サンピン野郎**と怒鳴られるワケは？
岡ぼれの岡とはＨＩＬＬのこと？
虎の巻。最近はアンチョコというけれど？
あれじゃ五位が**関の山**だ　関の山って、どこにある？
堂に入るとは、お堂に入ること？
眉唾って眉をなめること？
のろまはどこからきた？
元の木阿弥って、どんな人？
伊達男の伊達って、伊達政宗と関係ある？
その話はとっくに**けりがついた**の「けり」とは？
十八番と書いて「**おはこ**」と読む理由は？
くわばら、くわばらって、何かの呪文？
目安がつくは、いつからある言葉？
ぬれぎぬのもとになった古典は？
一目置いてますというが、二目はあるの？
ステバチになるって、鉢を捨てること？
ウワマイをはねるのウワマイって？
あまりの美人につい**食指が動いて**の食指って何指？
羽生七冠、**弱冠**二十五歳　すごい若者の登場です？
あこぎなヤツとはどこからきた言葉？
チャンポンのチャンとは？　ポンとは？
圧巻とは悪いヤツ？　それは悪漢！
せっかく、がつくとあまりよいことではない？
ゲンが悪いのゲンって、いったい何？
ガッテンだは、時代劇からきた言葉？
ないしょで教える　ないしょの語源
ゴタゴタしているのゴタゴタの語源は？
派手とは元来は音楽用語だった！
暖簾に腕押しの暖簾って？
ツキナミの語源はツキナミではない？
台所の入口を**お勝手口**というのはなぜ？
踊るアホウに見るアホウのアホウとは？

もくじ

もくじ

おおわらわを漢字で書くと?
あきんどと**商人**の語源に秘められた古代の史実とは?
日焼け防止に帽子を**アミダにかぶる**、は正しい?
チンプンカンプン、やっぱりわからない!?
左遷があるのに右遷はなぜない?
どさくさに紛れてのどさくさって?
オリガミつきって鶴の折り紙がついてるの?
土壇場って、どんな場所?
下馬評とは絶対に競馬の話?
すばるって、いったい何語?
誰の**さしがね**だ? さしがねの意外な語源とは?
油を搾られるって、どこで?
なぜ歌舞伎の女形を**おやま**といったのか?
三拍子そろうとは、いわゆる三高のこと?
巨人もとうとう阪神の**二の舞**になってしまった!?
当て馬って、どんな馬?
油虫がなぜ**ゴキブリ**になったの?
虫の好かないヤツの虫って、どんな虫?
おけらになるって、虫みたいになるってこと?
ネコババするのネコは猫、ではババは?
牛耳られるの語源は?
ヤジ馬って、どんな馬?
馬鹿は馬を鹿といったから?
鯛では**サバを読む**のが難しいワケは?
酔って**虎になる**、なぜライオンではいけないのか?
かんこ鳥が鳴いている　そんな鳥はいるのか?
なぜ**ウサギは一羽**と数えるの?
ジャジャ馬は女?
虻蜂とらずって誰が主役なの?
出歯亀という亀は動物園にはいない!
シナをつくるってどんなこと?
ウンともスンともいわないのウンって? スンって?
おぼこからとどのつまりまでの過程とは?
助平って人の名前?
左利きが、なぜ酒飲みになったの?
土左衛門って人の名前?

つつがなくの「つつが」とは何？
キセル見たことはないが、やったことはある？
ヤボな話と雅楽との深遠な関係とは？
てこずることは多いけど、てこって？
失敗することをなぜ**オシャカになる**っていうの？
大根役者だね、といわれるワケは？
左前になったの左前って？
やくざ　やはりそれには由来がある
べらぼうと**穀潰し野郎**　どちらが粋？
かわきり　リンゴの皮剥きではない！
ちょろまかす　わかったような言葉だが？
くだをまくの「くだ」って？
醍醐味を味わった経験ある？
板についてるっていっても、カマボコじゃないよ！
どうも**イビツ**な話のイビツって？
手塩にかけるって手に塩をかけるの？
ニべもなく断られましたのニべって何？
刑事のことを**デカ**というのはなぜ？

第四章 なんと！知れば知るほど深い語源 153

もともと**混沌**とはわからずやの人のことだった！
正岡子規の名前升（のぼる）と**野球**の関係は？
疲れ果てるの**バテる**　もともと競馬用語だった！
見え見えのお世辞をなぜ**おべんちゃら**という？

もくじ

日本人はなぜピラミッドを**金字塔**と訳した?
還暦のことをなぜ**華甲（かこう）**というのか?
神前で手を打つ**柏手**　拍手とよく似ているのだが?
金縛りとはもともと仏教用語だった!
暦のことをなぜ「こよみ」というのか?
釘を刺すの釘って大工の使う釘のこと?
とんだ**食わせモノ**　何を食わせた?
ジャマ、あっちへ行け!　のジャマって?
稽古の稽とは?　古とは?
驚くことをなぜ**たまげる**という?
経済の経とは?　済とは?
結局〜したの結局の語源とは?
剣が峰に立つの剣が峰とは?
水商売の店での名をなぜ**源氏名**というのか?
留守にするって、家に誰もいないことではなかった!
かなづちのことをなぜ**げんのう**というのか?
すごい**剣幕**の剣幕って剣と幕のこと?
弘法も筆の誤り　どんな誤りをしたの?
男と女の**心中**はなぜ相対死と書き換えられた?
絶倫の絶とは?　倫とは?
ダークホース　ダークに秘められた意味は?
張本人は「張本」人　では「張本」とは?
つまはじき　語源は仏教の風習にあり!
泥酔の泥とはドロのこと?
奈落におちる　どこにおちるのか?
両手を挙げての**万歳**のほんとうの意味って?
ひいきは贔屓と書くが贔とは?　屓とは?
豹変するの豹変の本来の意味は?
間尺に合わないの間とは?　尺とは?
おまけすることをなぜ**勉強**というのか?
沢山と書いてなぜ「たくさん」と読むのか?
二号さんのことをなぜ**めかけ**といい、妾と書くのか?
「**暮れなずむ**街」の暮れなずむって?
自ら買って出る　何を買ったのか?
もうろくは耄碌と書くが耄とは?　碌とは?
色っぽい眼差しをなぜ**秋波を送る**という?

食べ**放題**の放題とは？
耳をそろえて返済の耳って何のこと？
立錐の余地もない　どんな状態をいうのか？
しどろもどろの「しどろ」とは？「もどろ」とは？
買いかぶるのもともとの意味は？
ヤッホーの**やまびこ**　山彦と書くから男なの？
一人前の大人の「一人前」　料理と関係があるのか？
学ランの学は学生服、ではランというのは？
鳴かず飛ばずっていうけど、どんな意味？
狼藉者の狼藉って何？
総スカンってスカンクと関係あるの？
陳腐の陳とは？　腐とは？
徒競走はいつも**ビリ**　このビリの語源は？
四六時中、二六時中とどこが違う？

第五章 ほほう！語源はここにあったのか 173

あめんぼの名は飴みたいに甘いから？
アヤメ　命名の由来は？
うどん　もともとは中国の菓子というが？
うどんげの花は三千年に一度しか咲かない？
コンペイ糖っていったい何語？
調理用の**おたまじゃくし**　意外なありがた〜い語源
毎年の政府刊行物をなぜ**白書**というのか？
サバの押し寿司をなぜ**バッテラ**というのか？

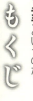

はんぺんのネーミングは料理人の名前から？
みんな大好き　**おでん**の意外な原型って？
いわれて納得！　**おはぎ**の語源
ほおずきを吹くと命名の由来がわかる？
かたつむりの「かた」って？　「つむり」って？
孫の手　もとは「麻姑の手」というが？
頭につける人工頭髪をなぜ**かつら**という？
まな板の「まな」って何？
お寿司に欠かせない**ガリ**の名はどこからきた？
春を知らせる花**マンサク**の語源とは？
回して遊ぶ**コマ**　古くは「こまつぶり」というが？
こめかみ　米と関係ある？
みぞおちってどこ？　何？
漢字につける**ルビ**って本当は何語？
じゃがいも大好きですが、どこから来た？
おいしい**シャリ**！　でも、語源は……？
すき焼きの「すき」って何だろう？
名を刺すと書いて、なんで**名刺**なの？
イカを開いて干すとなぜ**スルメ**になる？
青果商のことをなぜ**八百屋**というのか？
浴衣と書いてなぜ「ゆかた」と読ませるのか？
八十八夜っていったい、いつのこと？
小豆（あずき）の命名の由来は？
肩書きには意外な意味もある！
レジュメ　よく使う言葉ですが、何語？
アメダスというのは雨だす？　違います！
サンショウウオ　どうしてそう呼ばれる？
のっぺい汁ってどんな汁？
本音と**建て前**　建築に関係あるの？
ひょっとこ「火男」以外にも語源が！
雷（かみなり）どんな言葉から始まった？
クリスマスを飾る**ひいらぎ**の語源とは？
陰で操る人のことをなぜ**黒幕**という？
まだ会ったことはないが**カッパ**の語源は？
ヘルシー、おいしい**がんもどき**の語源は？
読書に欠かせない**しおり**の由来は？

目次

ごまめ　やっぱり胡麻とは関係なかった！
腐れ縁というが本来は「鎖れ縁」！
夏のホームウェア**じんべえ**の由来は？
目くじらを立てる「目くじら」って何？
与太郎って落語に出てくるけど？
うちの**宿六**には親愛の情もある？
やもめを漢字で書くと意味がよくわかった！
フリーマーケットって自由な市場ではない？
耳学問っていい意味？　悪い意味？
まぬけ　間が抜けると、どうなるのか？
えっ！　**ポンコツ**ってそういう語源だったのか！
ポン酢は意外な国からの言葉だった！
ボイコットって人の名前だった！
婚約の証の品をなぜ**結納**というのか？
番頭さんがいたのは商家や宿屋だけじゃない！
商家の少年店員をなぜ**丁稚**というのか？
平安時代からあった**引き出物**の由来は？
たんたん**タヌキ**の語源はさまざま！
軽はずみで下品な女をなぜ**はすっぱな女**という？
成り上がりの金持ちをなぜ**成金**という？
和菓子の**最中**ってなぜ、そう呼ばれた？
へそくりの意外な語源とは？
羊羹（ようかん）って羊と関係があるの？
浮き名を流すの「浮き名」って何のこと？
落葉樹の**イチョウ**　どうしてそう呼ばれた？
マンモスって、なんとロシア語だった！
てっぽうとも呼ばれる**フグ**の語源は？
健康食品の**納豆**　名前の由来は？
「おかいこさん」と呼ばれる**蚕**の命名の由来は？
おいしい**イクラ**　いったい何語？
コブシ咲く北国の春　握り拳が語源？
福神漬けのめでたい名前の由来は？
演歌の意外な前身とは？
女三界に家なし　**三界**って何？
二つ返事っていい返事？　悪い返事？
なあなあの語源　なあなあではすみません

もくじ

皮肉の「皮」って？　「肉」って？

あいかたは漫才の言葉ではなかった！

ほらふき　いったい何を吹いた？

手玉に取るの手玉って何の玉？

ノミ屋・ノミ行為のノミって？

風呂の語源って、いったい何？

しじみ　美味しいのは知っているが、語源は？

大好き！　辛子**明太子**！　語源は？　発祥は？

アテレコ　どんな造語？

オミナエシ　語源は美女か？　飯か？

ゴルフ用語の語源は？

競馬、〇〇記念の命名の由来は？

ボクシング用語の語源は？

相撲とりの階級の語源は？

太閤・判官・黄門の由来は？

藤がつく姓が多い理由は？

師走など**月の命名**の語源は？

マンションなど集合住宅の語源は？

第一章
へえーっ！日本語って超不思議

青二才っていったい何才？

赤の他人っていうけれど、じゃあ、青の他人はいるの？

メドがようやく立ったのメドとは？

鼻っ柱の強いヤツの鼻に柱はあるの？

フに落ちないってどこに何が落ちないの？

おくびにも出さないのおくびとは？

青二才

未成熟な男性。二才というのは、生まれてから成熟前までをいう。動物では生まれたてを、当才というから、二才は、つまりまだ幼いこと。青は果実などのまだ熟していない実。人間では「まだまだ尻が青い」とも。未成年ではなく未成熟であることが重要。三十、四十でも「青二才」はいる。

赤の他人

全く関係のない人。「赤」には何もないという意味がある。全裸は赤はだか、すべてデタラメは真っ赤なウソ、大恥は赤っ恥をかくとか。つまり赤の他人も、何もない、関係ないということ。また、明らかに、という意味に使うこともある。いずれにせよ「青」の他人という言葉はない。

メドがようやく立った

メドとは目処と書く。処を「ド」と読んで、窓（マド）、角（カド）、喉（ノド）、井戸（イド）のように、場所を表わす。ただし目処は目の場所から転じて、目指す場所の意味に使われる。これを「目途」（もくととも読む）と書くのも、同じく見込み、目標のこと。金策のメド、仕事のメド、就職のメド、立たないとどうしよう。

鼻っ柱の強いヤツ

いったい鼻に柱があるか。あります。左右の鼻の穴を分かつ壁のこと。ではなぜ、鼻っ柱が強いというのか。鼻は、その人の所作を表現しやすいから。鼻息が荒い、鼻で笑う、鼻を鳴らす、鼻を高くする。自信家、自己主張が強い人は、だから鼻の柱が強固なんだろうと。これ、鼻の大小とは関係ない。

フに落ちない

どうにも理解できない、納得できないこと。不可解なこと。では「フ」とは。これは内臓器官の「五臓六腑」の六腑の「腑」、つまり大腸、胃、小腸、胆嚢、三焦（排泄器官か）、膀胱をいう。ここで消化しきれない、不快感を「フに落ちない」という。ただし、もとの意味から転じて、納得できないことをいう。胃腸薬を飲んでも解決不可。

おくびにも出さない

控えめ、誇らない、素振りも見せないことを「おくびにも出さない」という。では「おくび」とは。ずばり「ゲップ」。漢字では噯気と書く。ゲップは誰でも出る。そんな当たり前の現象も、出さないこと、兆候（きざし）も見せない、なかなかのものである。「へえーちっとも知らなかった」だ。

小股の切れ上がった女
の小股って、いったいどこ？

ろくでなしって
七のこと？

ケンもホロロに断られたの
ケンって？　ホロロって？

しのつく雨のしのって
女性の名？

何をいっても**うわの空**って、
空の上のこと？

うだつがあがらないの
うだつって？

小股の切れ上がった女

凄い美人のこと。小粋な女。そそるような女のこと。小股の意味は、小股で歩く女性？　では切れ上がるとは？　文字どおり訳せば股が深く食い込む、つまり脚が長い女性か。いわばハイレグの似合う女性。つまりは柳腰ですらっとした痩せ型の女性のことらしい。でも江戸時代からいわれていますよ。そのころハイレグってありました？

ろくでなし

ぐうたら、役立たず、生活力なし。亭主を罵る女房の常套句。では「ろくでなし」の「ろく」とは？これは「禄」、俸禄のこと。つまり給料。給料がない、確かに生活力なし。罵られて当然。また「陸(碌)でなし」とも書く。陸は平坦、平、正しいこと。ここから真面目の意味も。陸でないから不真面目。

ケンもホロロに断られた

相手にされない、脈もない、一蹴されること。ではケン、ホロロってどういう意味？　実はケンもホロロも雉(きじ)の鳴き声。それもたった一声、あっさりしたものなのだ。ちなみに鶴の一声（誰もが従う権威者の発言）というのはあるが、雉の一声という言葉はない。やはり相手にされないのだ。

しのつく雨

すさまじい豪雨をいう。「しの」とは篠のこと。つまり細い小竹、また笹のこと。篠竹を束ねたように降る豪雨の形容。篠を乱す、篠を束ねるとか。「しの」が女性の名前によく使われたのは、この小竹のように、か弱そうだが、忍び、しかも折れない柔軟さを意味しているようだ。

うわの空

人の話を真剣に聞いていない。生半可な返事、とりとめのない態度。これ、うわの空。「上の空」と書く。うわっつらだけの関心。空というのは捉えようがない。その空の上なのだから、いよいよ見当がつかない。ここから派生した言葉に「うわごと」がある。捉えようがないことは同じ。

うだつがあがらない

出世の見込みなし。将来性ゼロのこと。では「うだつ」とは。うだつは「梲（うだち）」が転じたもの。梲とは、商家の屋根の両妻に付いた瓦葺きの土壁や袖壁。商家ではこれを造ること、上げることは商売繁盛を意味する。上がらないというのは当然、不振のこと。今日、梲はほとんど見られないが、言葉だけが残った。将来性ゼロとして？

三時のおやつは
○○堂だが、
おやつと三時の関係は?

オジャンになるって、
どういうこと?

むちゃくちゃって、
どこからきた言葉?

オツな女にせまられたい
どんな女?

ちょうちん持ちめって
いうけれど、どうして?

この**ボンクラ**っていう
ときのボンクラって?

三時のおやつ

昔のCMに「三時のおやつは○○堂」。おやつとは江戸時代の時刻で、八ツのこと。正確には午後二時～四時の間。一日二食（昼飯なし）だった江戸時代、この時間になると腹が減る。そこで間食、これが「おやつ」だ。だからCMの三時（午後）は正確には「八ツ半」なのですが。

オジャン

失った、パーになった、もう終わった、無駄だった。これを「オジャン」という。ジャンは半鐘の音。半鐘には合図があり、遠くの火事は二ツ半、近くになると三ツ半、四ツ半と。そしてすぐそばだと「擂りバン」という連打。さて鎮火すれば、これが一点打の「ジャン」。つまり終わりの合図。見物の野次馬いわく、なんだもう終わったのか。

むちゃくちゃ

挨拶も態度も、いっている内容さえも「むちゃくちゃ」。若者を非難するつもりはないが、いつの時代もよく聞く話だ。むちゃくちゃ、漢字で書くと無茶苦茶。これは実は接遇の言葉だとか。お客さんに対し、お茶も出さず、また出されたとしても苦くて飲めた代物ではない。そう、無茶苦茶。

オツな女

オツな話、オツな声、オツな女。いずれも色っぽい、粋なこと。オツは乙と書く。当然、甲もある。実はこれ邦楽の音階。甲が高音部、乙が低音部。だから乙で歌うというのは大人っぽい、渋い、色っぽいということになる。では甲で歌うと、高音のことの甲（かん）高い声ということになる。子供のような声、だから色気はない。

ちょうちん持ち

昔は外灯がないから、夜道は提灯。したがって道案内は提灯が先導する。誰が見ても映るのは提灯を持った男。れっきとした下僕・下男の仕事なのだが、ゴマすり野郎の姿になる。このへつらい、おべっかを揶揄（やゆ）した言葉が提灯持ちだ。また太鼓持ち、カバン持ちという言葉もあるが。

ボンクラ

部下を怒鳴る言葉、女房に怒鳴られる言葉。ドジ、へぼ、ぼやーっとしていること。わかってます。ボンクラのボンとは賭場の丁半博打のこと。盆と書く。つまり、この賭場で負けてばかりいるヤツが、盆に暗い、つまりボンクラなのだ。最近は盆がないから死語になった？　いえ毎日いわれてます。

チャキチャキの江戸っ子って、
どんな江戸っ子？

風呂敷って、
お風呂に関係があるの？

ロートルと呼ばれるのは、
いつごろから？

土産と書いて、
どうして
「みやげ」と読める？

ロハで飲ませてもらった
どういうこと？

たそがれって
寂しい言葉？

チャキチャキの江戸っ子

三代住まないと江戸っ子といわないとか。今や江戸以来なら六代目か。これぞチャキチャキの江戸っ子。「チャキチャキ」、漢字で書くと嫡々。嫡は嫡男、嫡子、嫡流など、つまり血統書付き、正真正銘の。昔は威勢がよく気っ風がよい、あの下町の頑固親父。昔はいたのだが。

風呂敷

風呂敷は便利。世界最高の包装文化。でもお風呂と関係あるの？　その昔、風呂は蒸し風呂だった。今のサウナ。だからムロに敷物が必要。これぞ風呂敷。また、風呂屋に行って脱いだ衣服を包む布が風呂敷。いずれにせよ風呂に関係あります。

ロートル

最近あまり聞かない言葉だが。年取った、ボケた、役立たずということ。ロートルとは中国語の「老頭児」。年を取って頭も子供並み、回転が鈍いことをいう。麻雀の老頭牌（一、九牌など、あまり役に立たない牌）の老頭も同じ。昨今は年だけで「ロートル」とはいわない。今の若者に負けているわけにはいかない。死語にすべき言葉だ。

土産

土産とは、その土地に産するもの。ドサンである。では、なぜ「ミヤゲ」と読むのか。実はこれ「屯倉（ミヤケ）」のこと。屯倉とは古代朝廷の税およびその貯蔵倉庫のこと。もともと税は土地の産物だから土産。これをミヤケと読んだのだ。土地の名産名物を「おみやげ」に。でも昨今パリ土産にメイドインチャイナ。これ、土地の名産ですか？

ロハで飲ませてもらった

今日の勘定は「ロハ」で。オレ、顔が利くんだ。あまり自慢しないほうが？　ロハとはズバリ「只（ただ）」。これを分ければ「ロ」と「ハ」。隠語、符丁のようなもの。女のことを「くの一」、昔流行った「戀（こい）」という字は、糸し糸しと言う心」。忠告、タダほど高いものはない。わかる？

たそがれ

うら寂しい。人生のたそがれ、それはないよ。黄昏と書く。黄はまだ日がわずかに残っている。昏は暗い場所。夕方、日没ごろのこと。しかも確実に闇（夜）に向かう。日没ごろは相手の顔も見えなくなる。そこで、古くは「誰（た）そ、彼」、（あれは、誰？）と。それが「たそがれ」に。

按配を**塩梅**と書くようになったワケは？

紋切り型って、どんな型？

セッパつまるって、何が何につまったの？

ごまかすの語源は何？

さんさんごごというが、四四六六といわないのは？

にっちもさっちもいかないの「にっち」「さっち」とは？

按配　塩梅

どんな按配？　どんな具合？　程よく配する、うまく処理することだ。しかし、これを塩梅と書く。昔、塩と酢（梅酢）は味付けの基本。味加減の調整が塩梅。もともと「えんばい」。ただ按配の言葉にかけて、いつのまにか「あんばい」。ただし「あんばいよし」は違う。これ床上手の女のこと。

紋切り型

型にはまったもの、百年一日変化なし、ワンパターン。結婚式、入学式、卒業式の祝辞。いつも決まった紋切り型のスピーチ。紋切り型とは、染め物などで家紋を入れるとき、たえず使うから、家紋の型紙を使用する。これが紋切り型という。ノーアウト一塁、送りバント。紋切り型？　セオリーというのだ。

セッパつまる

まさに決断をせまられる。もはや抜き差しならぬ状況。切羽と書く。切羽とは、刀の鍔（つば）が、鞘（さや）と柄に接する部分の板金。これが詰まるということは、抜刀するかしないかだ。松の廊下の浅野内匠頭、抜けばお家断絶、身は切腹、しかし吉良上野介の罵詈雑言。どうするどうするの心境。

ごまかす

女房の目をごまかして……。ゴマは胡麻？　違います。護摩です。護摩を焚けば煙幕が、そこでトンズラ。また、江戸時代、胡麻胴乱という菓子があった。小麦粉に胡麻を混ぜ、焼いたモノ。見た目は美味しそうに見えるが、何も入っていないから美味しいわけはない。これを「胡麻菓子」といった。見た目だけの菓子だ。悪徳商法の元祖か？

さんさんごご

三三五五と書く。三人、五人のこと。つまり連れだってどこからともなく集まってくること。語呂の問題だが、四四六六とはいわない。三三九度の杯のように、奇数好みの語呂合わせか。スーパーの特売、オバハンが三々五々集まってきた。この群がる習性。なんとも恐ろしい光景ですよ。

にっちもさっちもいかない

どうしようもない状態。二進三進と書く。これは珠算の言葉。かつて掛算の九九の他に割算の九九があった。二一天作五、二進一十などと暗誦させられた。進とは進むつまり位が立つこと。だから二、三で割り切れない、進まないと、どうしようもない。これぞ「二進三進」もいかないのだ。

ラチがあかないって、
どこが開かないの？

高飛車という言葉は
どこからきた？

引導を渡すとは、
ヤクザ世界の言葉？

ヤニさがるの
「ヤニ」って？

家が**火の車**って、
どういうこと？

地道って、
地味な道のこと？

ラチがあかない

押し問答、話し合ってもラチが開かない。ついには「お前ではわからん。責任者を出せ」と。パチンコ屋の話? ラチは埒と書く。埒とは柵、区切り、ワク。柵や区切りから外れると物事が進まない。話にならない、筋違いもそのワクから外れること。これは埒外。パチンコ屋に入り浸り正業に就かない。これ不埒者。それ、私のこと?

高飛車

ほう、そうきたか。イヤに高飛車に出たな。そう、高圧的な態度のこと。これは将棋の言葉。飛車は最強の駒で大将格だ。高とは最前線。その大将が自ら前線に出てきたのだ。一気呵成に敵を粉砕する。これこそ高飛車。まさに威圧的な戦法。よほど自信のある証拠だ。女房の前で? 無理無理。

引導を渡す

ヤクザ屋の言葉? 違います。これ仏教用語。迷っている人を導き、悟りの境地に入らせる。また死者を安らかに送るための説法説話。成仏させること。ヤクザ屋さんのは逆。あの世に送ってやるという威しの言葉。諦めさせる、手を引かせる、無駄なことだと脅す? 会社なら辞職勧告。

ヤニさがる

にやけたヤツ、格好をつけたがるキザなヤツのこと。そのヤニとは、タバコのヤニ。といって今のタバコではない。キセルタバコ。このキセル、ふんぞり返って、格好つけて吸おうものなら、キセルからヤニが吸口に逆流。これがヤニ下がる。そこから格好ばかり気にする、キザな男が女を口説く姿に使われ、ヤニ下がったヤツと。

火の車

家計が火の車。わかります。リストラされ、電気ガスも止められ。さてその火の車とは? 燃えた車、正解。ただしあの世の話。亡者を乗せて地獄を疾走する「火車(かしゃ)」という車。亡者を地獄に送りこむ車だ。家計が火の車なので、再就職先は消防署に。冗談をいってる場合じゃない!

地道

何事も地道にね。何度も説教されました。地道とは地についた道でも、地味な道でもない。つまりロードではない。道とは方法、方策のこと。まあ堅実、着実、確実な方法のことだ。つまり本命、対抗、押さえは二、三点で、ここは穴は狙わないこと。地道に検討しました。それ違うと思うけど。

モッケの幸いのモッケって何のこと？

サジを投げるって、誰が誰に投げるの？

てぐすねを引くの「てぐすね」とは？

油を売るって、ガソリンスタンドの店員の話？

行きがけの駄賃とは、宅配屋さんの話？

ウドの大木といわれるようになったワケは？

モッケの幸い

女房がしばらく実家に。これぞ「モッケの幸い」と中山、川崎、大井ついでに京王閣通い。意味はそう。では「モッケ」とは？　これ物怪と書く。つまり「もののけ」のこと。転じて予想不可、偶然、たまたま、あるいは超常現象。ただし奥さんの行動は超常現象ではなく、愛想づかしですよ。

サジを投げる

面倒見きれない。もう見込みなし。年がら年中いわれております。さてそのサジはスプーンではない。薬の調合に使う「匙」。昔の医療は薬餌療法。つまりサジを投げるとは、医者が治る見込みなし、薬の調合も諦めた、ということ。同じく「匙加減」のサジも同じ調合のことだが、これは便宜を図る、手加減すること。投げられるより当然マシだが。

てぐすねを引く

ともかく、準備万端、いつでもOKのこと。ではてぐすねとは？　手薬煉と書く。薬煉（くすね）とは松ヤニと油を練ったもの。弓の弦の強度を高め滑り止めに使用する。野球のロージンバッグと同じ。弓の発射準備完了、いつでも矢を放つことができる状態、これ「てぐすねを引く」。

油を売る

「どこで油を売ってきた」。抜け出してパチンコ屋、となれば怒鳴られるセリフの定番。油を売るとは、無駄な時間を費やすこと。電気のない時代、貴重な照明材料が油。町辻、路地で売られた。ところが杓子で汲むにも、長く尾を引き結構時間がかかるもの。となれば世間話のひとつでも。そんなようすが怠けている、遊んでいるように見えるのだ。

行きがけの駄賃

ついでに、ということ。昔の運送屋は荷馬車を引く馬子。得意先に荷を届ける、ついでに他の店のものも。また荷駄を取りに行くときは空馬、どうせならついでに、これが行きがけの駄賃。パリに出張、行きがけの駄賃でブランド物を免税店で。それを正価で売る。ガッポリ儲け。違うか。

ウドの大木

図体ばかり大きくて役立たず。いつもいわれていました。ウドの大木、ウドは独活と書く。独活は二メートルにもなる茎を持つ。柔らかくて何の役にも立たないように見える。だが、大木というが「木」ではない。しかも食用にもなる多年草だ。見てくれだけで人を非難するなといいたい。

横紙破りの
横紙とは？

ごり押しの
ごりって、いったい何？

垢抜けるの垢って、
皮膚の汚れのこと？

手を焼くって、
それじゃあ火傷しちゃう？

向こうズネを蹴飛ばされたの
向こうズネって？

二の足を踏む。
では一の足ってあるの？

横紙破り

相模屋が代官とつるんで、理不尽な理由で上総屋の御用を奪う。これぞ「横紙破り」。水戸黄門の見すぎ？　どんな紙にも縦目横目という繊維の筋がある。縦目の紙は横には破りづらい。まして和紙は縦目に漉（す）かれているから、横に破り裂くことは至難。古くから紙を裂くのは縦。無理難題、理不尽なことを平気でやる、これが横紙破り。

ごり押し

横紙破りと同じく、無理難題を押しつける。ゴリとは淡水魚。カジカ、ヨシノボリなどをゴリと呼ぶ。ゴリ漁は、ロープにサザエ、アワビなどの貝殻を巻き付け、ゴロゴロと水中を引きずり、あらかじめ仕掛けた網に追いこむ漁。ゴリは網に追い立てられる。無理矢理に押しこむ、これがごり押し。諸説あり。

垢抜ける

垢抜けしてキレイになった。もちろんほめ言葉。しかし垢って、汚れのこと？　実は垢ではなく「灰汁（あく）」のことだ。食べ物でもアクをとり、渋みを除くとまろやかな食感が得られる。アクが抜けると、洗練された美が蘇るのだ。

手を焼く

困り果てた、面倒見きれないこと。その「手」とはハンドではない。世話をする、助けること。「手数がかかる」も同じ。焼くはもちろん、悩ます、困らすの意味。手を焼くとは、それでも突き放せないという意味が含まれる。だったら「手を切ればよいのに」……それができないのよ。

向こうズネを蹴飛ばされた

向こうズネを蹴られた。痛い話ですが。では向こうズネとはどこ？　スネは膝からくるぶしの間。問題は「向こう」。これは相手に向かうこと。正面のこと。だから向こうの人に蹴られたということになる。親のスネをかじるというが、親の向こうズネをかじるとはいわない。スネに傷もつというが、当然向こうズネに傷もつとはいわない。

二の足を踏む

二番めの足のことなのだが、どんな足か。一番めっていうのが、第一歩だから、第二歩のことだ。つまり前進すること。そしてそれが出ない。ためらい躊躇すること。ただし一の足という言葉はない。「二の句が継げない（出ない）」、つまり意外な結果に言葉が出ない、も同じ用法。

目白押しがあるなら、
目黒押しもある？

小春日和とは
春の初め？

こけら落としの
こけらって
子ケラのこと？

うちょうてんになるな、
とよくいわれるけど？

藪医者は
竹ヤブに住んでいる？

トリを取りたいって！
あなた焼鳥屋さん……？

目白押し

山手線、満員電車で目白押し。だから目白は目白駅？　違います。目白は鳥のメジロ。メジロは、一羽がとまると次々寄り集う習性がある。それも互いの羽を寄せ合うように。だから満員電車は「メジロ押し」とはいわない。メジロは、横一線、整然と。満員電車は「すし詰め」という。

小春日和

「春の海ひねもすのたりのたりかな」。ああ結構な小春日和。違います。「小春」は春ではない。小春は旧暦十月の異称。新暦では十一月末から十二月初頭。晩秋、木枯らし一番の頃にも、ときおりぽかぽかと快い日がある。これが小春日和。ロシアでは「女の夏」、こんな日には冬支度の用意を。ちなみに、「麦秋」は秋ではなく初夏のこと。

こけら落とし

劇場の初興行や新築住宅の完成式を、こけら落としという。漢字では柿落としと書く。「柿」ではない。「杮」とはカンナ屑のこと。昔は木造建築、そして、その完成時には屋根からカンナ屑などを掃き落とし、その落成を祝う。だから「柿落とし」ではない。もちろん昆虫のケラの子でもない。

うちょうてん

ヤッター。サイコー。舞い上がっている状態。有頂天と書く。もともと仏教用語で人間界を支配するものに欲界、色界、無色界があり、この無色界のことを有頂天という。そしてこれを超越することで、悟りの境地に入ることなのだ。昨今は違います。色も欲も、つまり地位、名誉、お金に美女を手に入れ、ウハウハするさまなどに使う。

藪医者

当てにならない、下手な治療をする医者。なぜ藪？藪ではなく、野巫（やぶ）。つまり田舎の巫医（ふい）。昔は、病気になると祈禱（きとう）、占いで治した。治るワケがない。「手遅れ医者」というのも。「屋根から落ちて骨折」「手遅れです」「今落ちたばかりですよ」「落ちる前に来ないと」。

トリを取りたい

NHKの紅白のトリは？　例年、話題となっている。トリとは最後を飾る人、また大物のこと。ただしトリは鳥ではない。「取り」仕切ること。歌舞伎では金看板。落語の真打ち。また、興行や、高座の最後に祝儀を取りまとめ、皆に配分する人も「トリ」という。借金トリは関係ないですよ。

ついついハメをはずす
って、いったい何を
はずしたの？

千六本に切る、
六本余分だが？

インドリンゴの産地は
本当に
猛暑のインド？

たなにあげるって、
どこの棚？

しもたやとは
風情のある言葉だが……
実は？

ひなたぼっこの
「ぼっこ」って？

ハメをはずす

酔っぱらって、調子に乗りすぎて、店の「羽目板」をはずしてしまった。違います。ハメは羽目板ではなく、「ハミ」のこと。ハミとは馬に嚙ませる轡（くつわ）。ハミが利かないと馬は暴走する。ハミをはずした暴れ馬のように傍若無人に暴れまわる。経験ありますよね。

千六本に切る

大根を千切りにする。賽（さい）の目に切るもわかります。では、千六本は？　意味は千切りと同じ。あとの六本は？　千六本とは「線蘿蔔」のこと。蘿蔔はローボで中国語で大根。線は糸状に切ること。「チェンローボ」で大根の千切り。禅寺あたりで中国僧から聞きこんだものらしい。

インドリンゴ

子供の頃、リンゴといえばインドリンゴ。今は青森、秋田、長野、いずれも寒冷地。熱帯のインドでリンゴがとれる？　これはインドではなくアメリカ・インディアナ州産のこと。明治に秋田で移植された。最初はインディアナリンゴといっていたが、だんだん面倒くさくなって、インドリンゴ。

たなにあげる

自分のことはタナに上げて。タナに上げるとは、つまり前に出さないこと。昔、商売は露天で、もちろん目の前に並べた。店ができると、店内の「棚」に飾る。店に入らないと品物が見えないようになった。店のことを「タナ」というのはそのため。「店（たな）おろし」で「みせおろし」とは読まない。

しもたや

裏通りの「しもたや」ですが一度店にお寄りください。この連絡、何かおかしい。もともと「しもたや」とは「仕舞うた屋（閉まった店）」が転じた表現。おそらく謙遜して「小さな店」の意にしたのだろうが。今ではふつうには店舗ではない家、したがって一般住宅を指していう。

ひなたぼっこ

のどかな晩秋、縁側で日向ぼっこ、いいですねぇ。しかし「ぼっこ」とは？　もともとこれは「ひなたぼこり」。ホコリ？　そう日向にいればホコリだらけになる。それ間違い。「日うららかにて、日向ぼこりもせむ若菜もつみなむ、と思いて」（『今昔物語』）と、昔からあった言葉。「ぼっこ」「ぼこり」は何といえば、「誇り」、子供の意とも擬態語とも。

フリチンとは
裸で珍宝を振ること？

終わることを**おしまい**
というのはなぜ？

無鉄砲な人って、
武器をもっていないこと？

ヤケッパチの
ヤケって？　パチって？

ずぼしって、
どんな星？

几帳面とは、
どんな帳面？

フリチン

男なら誰でも知っている。チンチン丸出し。誰もが、チンチン振り振りのこと、またはフリー状態のチンチンだと思っている。違います。「ふり」は遊里の俗語で、予約していない客。無理押しでなんとかしようという客。夜這い男も「フリチン」という。なお、チンはそのモノです。

おしまい

これでおしまい。なぜおしまい？　男がフリチンなら、女は仕舞。昔の金山、持ち出し厳罰だが、当然検査する。男はフリチン。女は竹柵をまたがせて、隠しモノを検査する。検査が終わることを仕舞と。このようすが「能」のしぐさに似ていることからという説もある。ちなみに能の演舞を仕舞という。

無鉄砲

鉄砲なしで戦争する。鉄砲なしで熊、虎と闘う。ムチャです。無鉄砲は鉄砲が無いということではありません。漢字では無手法と書く。無手法とは「無点法」から転じたもの。これは漢文を訓点、返り点など無しで読むこと。これは難しいし、誤りも多い。ここからムチャなという意になった。女房にケンカを売ること。

ヤケッパチ

ヤケは自棄。ただし「焼け」と書く。火事で焼かれ自棄になるから。「逸勢（はやなり）が死にもの狂い身に火のついた、焼けの勘八、取っては投げ」竹田出雲の芝居のセリフ（「道風青柳硯」）。焼けの勘八、は調子言葉でとくに意味はない。ただ焼けの勘八が「ヤケのヤンパチ」、「ヤケッパチ」に。

ずぼし

バシッと決まる、まさにズボシ。正解を当てること。ズバリ、星（犯人）を当てる？　それ違います。ズボシは図星と書く。これは弓道の的で中心の黒丸。そこに当てること。完璧なことを図星を射るという。中国では正鵠（せいこく）を射るという。正も鵠も的の中心の黒点。つまり図星だ。

几帳面

几帳面にノートに整理されている。几帳面、几（いくらか）＋帳面（ノート）の意味？　違います。几帳＋面なのです。几帳とは昔のカーテン、緞帳（どんちょう）のようなもの。これを掛ける柱や棒棹などの角が尖ったり、傷があるとケガをする。そこでその面を丁寧に丸くしたりキレイにする。これが本来の几帳面だ。

かわりばんこの「ばんこ」っていったい何？

おあいそって、どうしていうようになったの？

どんぶり勘定って、丼で払う勘定のこと？

いかさまはバクチのときに使う言葉？

むしずが走るって虫が走ること？

ホットドッグ焼いた犬ではないのに、なぜ？

かわりばんこ
交代のこと。「ばんこ」って何？　蹈鞴（タタラ）というのは古来の製鉄作業で空気を送るフイゴのこと。この蹈鞴作業は昼夜足でフイゴを踏む、苦しい、重労働。何人もが交代でやらないと倒れてしまう。そこで順番を決めて対応する。この要員を番子という。だから文字どおり「代わり番子」。

おあいそ
「ネーチャン、おあいそ」。そう、会計する。愛想とは、愛嬌をふりまくこと。でも、客が店にどうして「愛想」するの。もともと店が客に対して、会計の際、「もてなし」が充分なされたかを、へり下っていう言葉で、「愛想もなく申しわけございません」。ところが、会計時の言葉だったから、「おあいそ」が会計精算の意味になった。

どんぶり勘定
計画も計算もなく、適当に、その場限りで対応して、結果は大混乱。どんぶり勘定、丼鉢にお金を入れてもらって勘定するのではない。どんぶりとは「丼」ではない。江戸時代、職人の腹掛け（その前袋）のこと。職人はこれを財布がわりに。金の出し入れも、大ざっぱ。これがどんぶり勘定。

いかさま
インチキのこと。だが意味は「いかにも左様で」意味は正反対だ。何事もそうだが、「いかにも左様で」「いかにも左様で」と繰り返されるとついつい疑りたくなる。「本当カイナ?」。そしてとうとう「いかにも左様」つまり「いかさま」の意味が逆転、疑惑、デタラメ、インチキになったのだ。

むしずが走る
不愉快、ムカツクこと。漢字で書くと虫酸。胃のなかの酸が虫のように暴れまわる、胸やけ、ムカツキがそれ。虫というのは「苦虫」「腹の虫」「カンの虫」と体のなかに棲みついて走りまわり、悪さをするのだ。茶髪の悪ガキが、「チョー、ムカツク」というのを聞く小生、虫酸が走る。

ホットドッグ
「焼いた犬」？　西欧では犬は食べません。形状が猟犬のダックスフントに似ているから、つけられた名。またこんな説も。二十世紀初頭、アメリカのある競技場で現在のホットドッグが売り出された。ところが客の一部がこのソーセージ、犬肉だと騒ぎ立てた。もちろん誤解だ。ところがこの噂が噂を生み全土に。

白川夜船って、
夜釣りをすること?

寝耳に水って、
ずいぶん
冷たそうだけど……?

いま「ジゴロ」、
じゃあ、昔の「**ひも**」は?

「見てるだけ~」の客を
ひやかしというのは?

とっぴょうしのない話
って、どんな拍子?

やまが当たる
どんな山?

白川夜船

熟睡、船を漕ぐようにコックリコックリ。でも本来は「知ったかぶりをする」のこと。昔は都自慢がハイカラ。今の海外の街のことを自慢する連中と同じ。京都のことを聞かれ、「白川」はどう。「白川？　ちょうど夜で、船の中で熟睡していてわからなかった」。白川は川でなく、歓楽地なのですが。知ったかぶりし、墓穴を掘ってしまったのだ。

寝耳に水

そんなの聞いてないよ。突然の事態、これが寝耳に水。寝ているとき、突然耳に水を流しこまれて、ビックリ仰天。違います。流しこむのではなく「水音」。せせらぎ？　ビックリしません。これは大水のいわゆる鉄砲水の音。江戸時代、天気予報もない。突然の鉄砲水の音、ビックリ仰天。

ひも

女に貢がせ、たかっては甘い汁。ヒモ。うらやましい？　いわゆるヒモは、自由業。しかし本来の「ヒモ」はその逆だ。ヒモとは猿回しの紐のこと。つまりサルは紐で結んでいないと、逃げ出したり子供に危害を加えたりする。芸も覚えない。サルの紐は、ヒモ付き、つまり自由がないのだ。

ひやかし

モノを買うつもりのない客。江戸の賑わいは吉原。もちろん上がれば問題ないが、金のない男は遊女の品定めだけで、漢字で書けば「素見」。吉原付近には紙の再生工場が多い。古紙を水につけることを「ふやかす」といい、この再生（漉き返し）には時間がかかる。だから時間つぶしに吉原に。遊女がいう。また「ふやかし」が来た。訛って「ひやかし」に。

とっぴょうしのない話

おおよそ考えられないこと。突拍子と書く。拍子とあるから音楽のこと。平安鎌倉時代の今様（流行歌）の旋律。抑揚をつけるため、突然、三、四オクターブ上げ下げする技法。これを「突」という。ただし驚かせるための調子ではないのだが、今は突然の常識では考えられない発言、行動をいう。

やまが当たる

試験でヤマがあたった。ヤマとは不確定なこと。ではヤマとは。そう山なのだ。宝の山、正解です。ただしこれは金鉱山のこと。金鉱山を発見するのは困難を極める。詐欺師まがいの者も多い。これを「山師」という。いわば賭けに近い。ヤマカン（山勘）で採掘する。発見、ヤマが当たったのだ。

お茶を濁すって、
どんなときにできた言葉？

キザなヤツって、
どんなヤツ？

数奇な運命って、
どんな運命？

柳の下のドジョウに
科学的根拠？

かつがれるとは、
どこからきた言葉？

手前味噌って、
どんな味？

お茶を濁す

その場しのぎ、適当にあしらう。お茶といっても朝餉夕餉（あさげゆうげ）のお茶ではない。茶の湯のお茶。だがその作法を知らないと大恥。そこで見よう見まねで適当にかき混ぜて、なんとかその場を切り抜ける。相手も「結構なお点前で」とお茶を濁す。

キザなヤツ

振る舞い、態度や行動が気取っていてかえって反感を買うヤツ、嫌なヤツ。いるいる。ただしキザはもともと「気障（きざわり）」の略。これは心にかかる、苦になること、心配事の意味。他者への言葉ではない。ところが、相手にとって気に障（さわ）る態度は、不快を与えるし、おもしろくない。そんなところから「キザ」は、否定的な言葉となった。つまり気配りのないヤツってことか。

数奇な運命

数奇（すうき）な運命をたどった。小説の定番。会社倒産、女房逃走、深酒で肝炎……、数奇な運命？ちょっと違う。数奇の数は「寿命」、奇は正常ではない。つまり寿命を全うできなかったこと。これを「スキ」と読むと「好き」のこと。興味のある、風流、粋となる。スキとスウキ、大違い。

柳の下のドジョウ

一度よい結果を得ると、味をしめてまた同じことを繰り返す。柳の下で泥鰌（どじょう）を捕ると、また柳の下で泥鰌を探す。これ中国の『韓非子』守株から。兎が株にぶつかり、ある男が労せずして兎を捕らえた。そこで毎日、株の前で兎のぶつかるのを待ったのと同じ。ただし、柳の下はその影で天敵の鳥たちの死角になっているので泥鰌がいる？

かつがれる

エライ目にあうこと。名前だけといわれて役員に担ぎ上げられ、あとで責任を。悪いたとえだが。では何を担ぐのか。これは「御幣（ごへい）」。御幣とは神官が無事を祈願して振る幣（ヌサ）。これを御幣担ぎといい、神事につきものの御輿を担ぐから、乗せられ、祭り上げられるのを「担がれる」という。

手前味噌

「なんとも手前味噌な話だ」。自分勝手なという意味。味噌を手前に、勝手に能書きを垂れるのではない。昔は味噌を自分で作った。ほとんどが自家製。当然、味は自分に合ったものとなる。で、他人にとって味が合わないことが多い。しかもその味自慢を聞かされては。つまりは自己チュウのこと。

「今日は**ダメよ**」
「**ダメ押し**」の
ダメとは？

ブキッチョとギッチョ
の語源は？

やにわに斬りつけるの
「やにわ」って？

イチかバチかは
本来なら三か十二か？

慇懃無礼（いんぎんぶれい）
なヤツとは
よくいいますが……？

練習の**コツ**、競馬の**コツ**、
そして出世の**コツ**、
コツって何だ？

ダメ　ダメ押し

ダメは駄目。「駄」はつまらないこと。値うちのないこと。「あんたって駄目ねえ」の駄。駄作、無駄、駄菓子、駄洒落の駄。ということは駄目はつまらない目。これは囲碁の言葉でどちらの領分でもない目。勝負が決したあとの目（領地）の整理に念のためにに打つことを「駄目を押す」という。

ブキッチョ　ギッチョ

ブキッチョ。江戸ナマリで不器用のこと。では「ギッチョ」は？　左義長という正月十五日、正月飾りを燃やす宮中の年中行事から。左義長が「ギッチョ」に？　でも左利きの意味はなさない。左ギッチョは「左器用」が訛ったのではないか。なお、サウスポーとは左腕投手。昔の大リーグの左投手に南部出身が多かったから。ポーは腕。

やにわに斬りつける

急に、とっさにのこと。やにわは矢庭、矢場と書く。つまり矢に関係がある。『平家物語』に「散々に射給へば、矢場に鎧武者十騎計かり、射落さる」とある。矢場（やにわ）とは、矢の射合うところで突然に飛んでくる矢。やにわに斬りつけられた、殴られた、怒り出した、いい話では使わない。

イチかバチか

博打用語からきている。勝負を賭けること。二個のサイコロを振って、その合計で丁（偶数）半（奇数）を競う。そうすると奇数の最低は三、偶数の最高は十二となる。どうも一と八ではおかしい。一か八かではなく、一か罰という説がある。一は「いの一番」で幸運、罰は不運というわけだ。

慇懃無礼

慇懃は、丁寧、心痛むほどの対応。慇懃に断ったと。だが度が過ぎるとイヤミに感じられる、つまり無礼だ。あまりモミ手をされるとかえって何かありそうだと勘ぐりたくなる。さて慇懃には「情を通ずる」の意味が。漢代の詩人、司馬相如（しょうじょ）、資産家の娘と慇懃な仲、娘の実家の支援で名をなした。慇懃は「逆玉」のこと？

コツ

コツ、つまり方法。ノウハウ。あるいはテクニック。出世の、競馬の、金儲けの。漢字で書くとズバリ「骨」。骨はからだを支える。骨組み、基本のこと。だから地道にコツコツ（骨々）と基礎を固めることなのだ。地道に苦労しないで、楽して儲かる……これは「コツ」じゃなかったか。

ビタ一文って、
いったいいくらくらい？

大丈夫も知らないで
大丈夫？

ケチをつける、
ケチの語源って？

コケにされるの
「こけ」とは？

くらがえって、
よい意味？　悪い意味？

はったりをかますの
「はったり」って何？

ビタ一文

誰がこんな欠陥商品にビタ一文払うか。値うちがないこと。一文だからお金（銭）のこと。江戸時代までおおかたの銭は中国からの輸入品。ニセ銭も横行する。ただし粗悪品が多い。そこで「摩耗した」とごまかした。これがビタ銭。漢字で「鐚」。金偏に悪、そのとおり。実際の銭の四分の一以下の値打ちもなかった。ビタ一文、価値がないこと。

大丈夫

大丈夫、大船に乗った気でまかせて。絶対安心。大丈夫の丈夫、丈夫な造りなど、しっかりしていること。これを「じょうふ」と読むと、一丈の男のこと。一人前の男のこと。なお一丈は約二・三メートル（周漢代）。でかい。そこに「大」がつく、絶対安心だ。鉄板レース、大丈夫だよ。

ケチをつける

ケチは金銭感覚が鋭いこと。堅実。よくいえばの話ですが。誰でもケチと呼ばれて喜ばない。貶す言葉だ。すでに奈良平安時代からある語。怪し、異し。「けし」と読む。つまりあやしい、不吉、異状のこと。大悪い言葉だ。ケチをつけるもそのとおり。そこから人に対しても卑しめるとき、「けち」といった。

コケにされる

バカにされる。ないがしろにされる。コケることではない。虚仮と書く。仏教用語で実体のないさま、嘘、偽り、考えが浅い。聖徳太子の言葉に「世間虚仮、仏のみ真なり」と。一方、自信のないのに虚勢を張るのを「虚仮威し（こけおどし）」と。聖徳太子をコケにしません。福沢諭吉も。お札の話です。

くらがえ

「彼女、多田さんから市川さんにくらがえ」。くらがえとは職場、相手、環境を替えることだが、もちろんよくいわれない。もともとは遊女の「廓（くるわ）替え」。遊女の廓替えは嫌われる。病気持ちや客あしらいの悪さからだとか。また鞍替えと書く。馬も乗馬に適さなくなると、鞍を替えられ、駄馬（荷馬）に格下げ。ロクな言葉ではないのだ。

はったりをかます

実体のない、誇大な振るまいをしめす態度。ハッタリは「徴（はた）る」と書く。徴は徴収の徴、そう税金をとること、それを催促、強要すること。税務署？　この「ハタリ」が、街のワルが適当に大ボラを吹いて、金銭を奪う「ハッタリ」という言葉に。ただし税務署でハッタリは通用しない。

八百長試合は
見たくないが、
意味は知りたい

緑の黒髪、
黒髪なのになぜ緑なの？

時代劇に出てくる
三度笠って、
どんな笠？

トウが立つの
トウとは？

目線？
視線とどう違う？

大向こうって、
どこにある？

八百長試合

ワザと負けること。八百長は八百屋の長兵衛。正解です。明治初期、相撲会所（現相撲協会）に出入りをしていた八百屋の長兵衛。無類の囲碁好きの年寄伊勢の海に可愛がられる。腕は年寄をしのいでいるが、そこは出入り商売、適当に負けてご機嫌取り。囲碁将棋は見る人が見ればすぐわかる。八百屋の長兵衛のヤツ、またワザと負けたな。

緑の黒髪

緑色の髪、これがまた渋谷あたりでけっこういる。赤、緑、黄色の信号機みたいのも。しかし緑色の黒髪はないでしょう。実は緑は、緑色ではない。緑とは若葉のように新鮮、瑞々しいという意味。幼児のことを緑児というように。つまりオバハンの髪を「緑の黒髪」とは絶対いわないのだ。

三度笠

侠客（きょうかく）、股旅者がかぶる笠。これは旅行用の笠。大きく、深く、さらに強度、防水にすぐれている。なぜ三度笠と呼ぶか。実はこれは飛脚（一般人用の町飛脚）が使う笠。町飛脚は月三度、江戸大坂を往復していた。そこで防水、強度に優れた笠が必要となった。やがて三度笠と呼ばれるように。

トウが立つ

彼女もうトウが立っている。年頃が過ぎたこと。トウ、薹と書く。薹は花の芽ができて急速に伸びる花の茎。大根、人参、ゴボウなどは薹が伸びると次第に可食部に「す」が入ったり硬くなってしまう。農家では薹が立つ前に収穫する。つまり「トウが立つ」とは、時期が過ぎたということ。

目線

最近やたらと出てくる言葉。視線のこと。しかし「目線」という言葉は新しい。視線の視は動詞で見る。目線の目は名詞。もとは映画や演劇界から生まれた言葉。これ業界用語。視線は目の向き、目線はものの考え方なども表わす。「上から目線」「国民目線」など。

大向こう

大向こうをうならせるとは、優れた演技をいう。芝居小屋は二階建て。一階は桟敷（さじき）。金持ちの接待席。二階も「向こう桟敷」、一流の客筋。大向こうとは、実は二階の後方、立ち席のこと。大衆席。安いから何度も出入りするし、つまらないとすぐ帰る。芝居に詳しく、芸にもうるさい。この評価（うならせる）が人気を左右する。

食言
言葉を食べて、どんな味がするの?

ドドメ色って、どんな色?

マーボードウフの意外な由来とは?

しのぎを削る
何を削るの?

そりが合わないのそりって?

毎日**ハッパをかけられて**、サラリーマンはつらい

食言

昨今は死語になりつつある。言葉を食べること。つまり発言を取り消す、いったことを平気で反古（ほご）にすること。マニフェストなんて知らない！これが食言。「朕は食言せず」（『書経』）。王様は一度いったことは取り消すことができないと。今の政治家は凄い、なにしろ言葉まで食べてしまうのだ。

ドドメ色

辞書にない言葉だが、ポルノ小説などに、女性の秘部を描くときに使う。ピンクや朱ではない。それならそう書く。描かれた女性は経験豊か。推測すると紫のくすんだ色らしい。これを禁色、また「お留め色」という。私論だが、これがドドメ色に？

マーボードウフ

麻婆豆腐と書く。豆腐はわかる。問題は麻婆。これは中国語で「あばた」。清末、四川に陳富森という下級役人がいた。あるとき、上司、友人が遊びにきた。しかし貧乏で接待できない。やむをえず夫人が残り物のミンチと唐辛子、豆腐を煮込んで出す。これがことのほか美味。料理は全国に広まる。「麻婆」は陳夫人がかなりのアバタ面だったから。

しのぎを削る

首位争いに「しのぎ」を削る。壮絶な戦いのこと。しのぎ、鎬と書く。刀の部分。刃と背（峰）の中間、両側に盛り上がった部分。戦闘が激しくなると、刃はボロボロとなり、ついには鎬の部分まで削られる。さらに激しくなると、鍔（つば）の部分まで。これが鍔ぜりあい。阪神・巨人戦の話。

そりが合わない

そりは「反る」のこと。のけぞる、ふんぞり返る。これも日本刀の話。世界の剣は直刀が多いが、日本刀には反りがある。そのため納める鞘（さや）もそれに合わせて造られている。だが調整が利かないと納まらなくなる。これが「そりが合わない」。二人はうまくいっていない。そりが合わない。話し合いで調整。ＯＫ。元の鞘に納まった。

ハッパをかけられ

けしかけられる。尻を叩かれること。応援、激励ではない。ハッパは発破と書く。これは工事現場の爆薬。ダイナマイト。工事は発破から始まる。だから、発破をかけるとは早く早くと促すこと。発破をかけないと動かないって、どこかのご亭主のこと？

たらいまわしの
由来は?

金輪際って、
金のワッカですか?

かきいれどきには
熊手が必要?

あとの祭りと
いうようになったワケは?

どうしても
つじつまが合わない?

ゲテモノ好きの
ゲテモノって?

たらいまわし

病院では患者のたらいまわし。役所のたらいまわし。政権のたらいまわしも。実はもともと曲芸。芸人が仰向けになり足でたらいをまわす。また相手と交互にキャッチボールを。たらいが行ったり来たり。このようすがお役所に翻弄される庶民の姿に。

金輪際

絶対にないこと。これ、仏教の世界図。中心が須弥山（しゅみせん）。その高さ約千三百万キロ。その外周に同じ深さの海。さらにそれを巡って約三千万キロの七重の山。その外周に深さ約千三百万キロ、広さ約五千万平方キロ超の海が。その海の周囲を二重の山が。これらを支えている厚さ約千三百万キロの層、これが「地輪」。この地輪の下にさらなる層が。これが「金輪」。地輪と金輪の接するところが「金輪際」。つまり永久不動のことだ。だから金輪際は絶対なのだ。

かきいれどき

儲けどき。忙しい時期。では何をかきいれるのか。お酉様のときの賽銭を熊手で？　いいえ、「掻く」ではなく、「書く」のほう。つまり、商売多忙で帳簿に書きこむことが多い。「書き入れ時」。

あとの祭り

時期をのがすこと。また、そのため後悔すること。「六日の菖蒲、十日の菊」。五月五日の端午の節句に菖蒲を飾る。九月九日の重陽の節句に菊を飾る。だが六日、十日は一日遅れ。あとの祭りだ。まさに菖蒲、菊は役立たず。ここから、後悔しても始まらないの意に。ああ、後悔しても「あとの祭り」。

つじつま

物事に合理性を欠くこと。矛盾すること。話のつじつまが合わない。辻褄と書く。本来、縫製関係の言葉。辻は道路が交差しているところ、褄は着物の裾の左右両端。「辻」「褄」いずれも合流する、交わるもの。それが合わないのは、縫製ミス。ここから噛み合わない、うまくいかないことを「辻褄が合わない」。

ゲテもの好き

簡単にいえば悪趣味、変わりモノか。下手物と書く。では下手物があるなら、上手物も？　そう、もともと「上手物」とは精巧で、豪華、洗練されたもの。逆に「下手物」は粗悪品、荒削りでいわばガラクタ。しかし人はそれぞれ。普通でない物に趣味が。下手物趣味といわれても好きは好き。

えたいが知れない
為体とか衣体と書くが
いったい何のこと？

安堵の安は安心の安
では堵とは何だろう？

十六夜と書いて、なぜ
いざよいと読むのか？

嫁いびりの
いびるの意外な語源とは？

若者言葉の**うざい**
語源的に検証すると？

横領というのは
古代からあった言葉？

えたい
ワケがわからない。ハッキリしない。判断がつきかねる。「為体（いたい）」と書き、「ていたらく」とも読む。ありさま（実体）のことだが、「なんというていたらく」と否定的に使われるため、ワケがわからないの意味に。「衣体」とも書く。これは僧侶の衣装。宗派、階級によって異なり、庶民には不明。怪しい坊主を見て「衣体」が知れない。

安堵
胸を撫で下ろす。安心する。不安や心配事が解決すること。安堵するの「堵」は垣のこと。垣根の中では安心できる。もともとは自分の土地の所有権を時の権力者（将軍や守護）に認められることから（本所安堵）。「家のローンが終わって安堵した。あとは慰謝料だけか」よくわかります。

十六夜
十六夜は、十五夜の翌日。十五夜の満月に比べて、なんとなしに輝きが落ちた感じがするし、月の出をためらっているように思える。実際に月の出は一晩で五〇分近く遅くなる。そこから、ためらうの動詞「いざよう」にあてて、十六夜と。出るに出られないが「いざよい」。

いびる
意地悪。いじめ。相手を苦しめること。もともと「炙」のことを「いびる」といった。つまり焼くとかあぶること。燻（いぶ）るも同じ。じわじわ効いてくるのだ。それ、よくわかります。昔の童話によくある継母が子供をいびる話。今は、女房が亭主をいびる。よくある話。

うざい
まぎらわしい、面倒くさい、うっとうしい。煩（うるさ）い、の転か。また虫などが「うろうろ這い回る」の意の「うざうざ」からか。いずれにせよ不快感を表わす。ただし一九八〇年代から若者の間で広がった言葉と考えれば、「うっとうしい」＋「うるさい」の造語とも考えられる。

横領
おうりょう。横取り、盗む。そう、公金横領から役人の話か？　そのとおり。古代の官職で各地の治安にあたった「押領使（おうりょうし）」から。彼らは官職を利用して、無理やり領地、財産を脅し取ったと。やがて、横柄、横取りの語から、「押領」が「横領」に。横領事件は日常茶飯事。「給与を全部横領された？　誰に？」「もちろん女房に」。

第二章

意外や意外！
この言葉には、こんな語源が

青田買いって
青い田んぼを
買うこと？

相棒の棒って
どんな棒？

海千山千
に秘められた故事とは？

いっちょうら
一張羅の羅とは？

がんじがらめ
なぜ雁字搦めと書く？

あっぱれ
なぜ天晴れと書く？

しらふで口説く
の「しらふ」とは？

にやけるの
「にやけ」とは？

はらからは
兄弟には使わない？

青田買い
優秀な人材を確保するため早期に採用する。もともと、青田刈り。敵の食料補給を防ぐため早期に刈る戦略。のちに田が青いうちに、収穫を見込んで先物買いすることから、人材確保へ。

相棒
仕事仲間、遊び仲間。テレビの名コンビとして。もともとは、カゴかきの前(先棒)と後ろ(後棒)との関係をいう。棒を担ぐ相手。悪事の片棒を担ぐ。共犯者をいう。

海千山千
「海千山千の彼女にかなうわけない。あきらめな」。経験を重ねた人。その世界のことは隅々まで知り尽くしていること。海に千年、山に千年棲んでいた「蛇」が「竜」になったという故事から。おおかたは「悪賢い」という意味に。

いっちょうら
かけがえのない一着。とっておきの晴れ着。もともと一挺蠟と書いた。一本のロウソクのこと。ロウソクは高価で貴重だったために、とっておきの意に。ただ一枚の羅（うすぎぬ）とも。「着たきりスズメの～」。

がんじがらめ
雁字搦め。糸や縄で巻きからめる。身動きが取れない。もともと雁が一文字に列をなして飛ぶ様子は整然としているが、乱すことができないように見えた。そこから自由が利かない。「借金で～」。

あっぱれ
素晴らしい、ほめたたえる言葉。天晴れと書く。もとは「あはれ」。哀しい（悲しい）意味ではなく、立派、感動する、賞賛するの意味。「あはれ」がつまって「天晴れ」へ。「見事～」。

しらふ
素面と書く。酒を飲んでいない顔つき。白面と。白は特別な状態でないこと。素も同じ。フは風。飲むと「赤」に対して「白」。「よく～で口説くよ」

にやける
ニヤニヤする。女のように色っぽい仕草。軟弱。若気と書く。若気（にやけ）はもともと「男色」のこと。男から見ると「気持ち悪い」「軟弱なヤツ」のことをいう。「あの～た野郎。焼きを入れてやる」。

はらから
同胞、同国人。仲間。もとは同じ母親から生まれた兄弟姉妹。ハラは「腹」。カラは「血族」。親族も「うから」と。明治以降同胞（日本人、戦友、仲間）として使われ、「これが私の同胞です」の場合、兄弟の意味にあまり使われない。

宴会のことをなぜ
うたげという？

二十歳のことをなぜ
はたちという？

いたいけな幼児の
「いたいけ」って？

鷹揚に構える
の鷹揚とは？

ほとぼりが冷める
の「ほとぼり」とは？

おっくう
億劫がなぜ「面倒」に？

よみがえるの
「よみ」「かえる」って？

お茶の子さいさい
「お茶の子」って何？

男色者のことをなぜ
オカマというのか？

うたげ
宴と書く。華やかな酒盛り。宴会。古く酒盛りの遊びは、手を叩き、調子を取って、興じた。この手を叩くことを「打ちあげ」という。ここから「打ちあげ」「うたげ」となった。今は仕事の打ち上げに一杯。飲むことは同じ。

はたち
二十歳。成人のこと。ハタはフタツのフタ。チは十のこと。フタチ。古代より使われた言葉。二十年は「はたとせ」と読む。政府は成人を十八歳にするらしい。「〜にもなって」という言葉が死語に？

いたいけ
幼気と書く。小さくていじらしいこと。幼は小さい。イタは「痛い」こと。気は様子。したがって「こころが痛むほど愛らしい」の意。「〜な遺児に」

鷹揚
おうようと読む。のんびりと振る舞うこと。文字どおり「鷹が大空を悠然と舞うさま」。大様と書くと、これは度量の大きいこと。混同して「余裕のある」に。「こんなピンチに〜に構えていいの」。

ほとぼり
余熱と書くと意味はわかる。つまり「残り熱」のこと。もともとは「ほとおり」で熱、「火照り」と同じ。事態が沈静化していないこと。「この事件の〜が冷めるまで待とうよ」。

おっくう
億劫と書く。煩わしい。面倒くさい。劫はとてつもない長い時間の単位。永劫（永久）。さらにそれの百千万億を掛けた時間。大変な時間、計算できないこと。ここから「面倒くさい」の意に。「それするの。〜やなぁ」。

よみがえる
蘇る。生き残る、再生する。もともとは「黄泉（よみ）返る」と書く。黄泉とは、死者の国。神話のイザナミが隠れた世界をいう。死あるいは死地から生還する、また再生すること。「ついに〜った黄金の右腕」。

お茶の子さいさい
たやすいこと。かんたん。朝めし前。お茶の子とは、お茶菓子、朝食前の間食。これが簡単に取れるのと、朝めし前をかけた。「サイサイ」は囃子（はやし）言葉。

オカマ
男色者。釜の底のこと、つまり「尻」。女の尻は鍋、男の尻は釜、鍋釜ともに底（尻）に熱するからか？　また「外（ほか）」から。陰陽（男女も含め）の理に外れるから、男色を「ホカマ」と。「昨日〜を掘られた」（交通事故の話です）

きさまと罵る
なぜ貴様と書くのか？

お払い箱
もとは御祓箱と書いた

おすそわけ
「おすそ」って何？

二束三文
「二束」「三文」とは？

三面記事って
第三面の記事のこと？

旅立ちのことをなぜ
たむけ、
はなむけという？

思うつぼに
はまるの「つぼ」って？

役に立たない者をなぜ
でくのぼう
というのか？

おもしろいをなぜ
面白いと書く？

きさま
貴様と書く。文字どおり、もともと相手、あるいは目上を敬う言葉だった。だが、次第に同輩となり、やがて庶民の間では目下の者への言葉として定着。それが江戸末期、罵る意に。

お払い箱
捨てられる、処分される。解雇。もとは「御祓箱」。伊勢の神職（御師）が参詣者や、地方の旦那に配った「お祓いの札」を入れる箱。毎年新しい札ができると回収される。不用品として捨てること、処分すること。「祓う」と「払う」にかけたもの。

おすそわけ
「お裾分け」と書く。人からもらった物を分配する。裾のように下（下位）の者に与えることから。いずれにせよ、社員が社長に「お裾分け」はない。相手を敬っていうなら「お福わけ」。

二束三文
安物。価値なし。江戸時代「金剛草履」が二足で三文という安さで売られていた。以来、安い物を「二束三文」（足を束にかけて）と。三文は安物、値打ちがないたとえ。

三面記事
新聞で事件、芸能、文化、スキャンダルなどをあつかう社会面。もともと明治大正期の新聞は、四頁しかなかった。一面二面が政治、経済、外交記事であったのに対して「三面」は社会、文化記事が主。今は紙面が多いが、言葉だけが残った。

たむけ、はなむけ
手向け、鼻向けと書く。いずれも旅立ちのこと。手向けは、供え物、旅人への餞別（せんべつ）。鼻向けは、旅人の馬の鼻を目的地の方向に向けさせ無事を祈った。餞別の「餞」は「はなむけ」。

思うつぼ
思いどおり。思惑がうまくいくこと。壺は博打のサイコロのツボ。壺振り名人は、たいてい狙いの目が出せるらしい。カモを狙って適当にムシる。これが思うつぼ。「千円ポッキリ」、調子にのって追加追加、えらい高い請求、敵の～に」。

でくのぼう
役に立たない者。無能。木偶の坊と書く。木偶とは木で彫った、手足のない棒のような人形。手足の動かない、働かないの意味。棒は坊（人）にかける。

面白い
愉快、楽しい。よくできている。面（おもて、表面）が明るいこと。白はハッキリしていること。もともと美しい光景、景色を賞賛する言葉。風情がある。演劇では「見事な」こと。漫才では「愉快な」こと。賞賛の言葉。

盗人のことをなぜ**どろぼう**という？

悪党のボスをなぜ**おやだま**と呼ぶ？

村八分に秘められた掟とは？

とうへんぼく唐変木ってどんな木？

はいからって英語からきていた！

気質を「かたぎ」と読むワケは？

けれんみのないの「けれんみ」とは？

ごろつきのさまざまな語源とは？

かねに糸目はつけないの糸目とは？

どろぼう

盗人。諸説ある。ドロは取る、坊は人称、また「暴」の暴れ者の意か。押し取る坊の意。ドロはドラ息子のドラ、転落とか放蕩とかの意。悪い意味で使う。「千円が二百円、持っていけ～」は良いドロボー。「税金～」は、もちろん……。

おやだま

親玉と書く。悪人の親分。ボス。首領。集団の中心人物。親玉とは数珠（じゅず）の中心にある、とりわけ大きな玉のこと。そこから束ねるの意に。

村八分

仲間はずれ。疎外されること。差別。江戸時代の村の慣習。十の掟、しきたり（冠、婚、葬、建築、病気、火事、水害、旅行、出産、年忌）のうち、村の掟を破った者への制裁として、葬式と火事を除く八つの交際を絶つ。

とうへんぼく

唐変木と書く。文字どおり「唐から来た風変わりな木」のこと。つまり変わり物、ワケのわからない、偏屈、気の利かないの意。「女の気持ちもわからないこの～」。一度いわれたいセリフ。

はいから

ハイカラと書く。洋装文化を誇る人。英語の「high collar（襟）」から。もともと洋服の高い襟のこと。そこから男女を問わず、洋風でモダン、目新しいという意味に。明治近代化の象徴。

気質

性質性格、気風。かたぎと読む。かたぎは「形木」。形木とは、染め物職人の使うゲージ（基準の形）。染め物職人は古くから独特の性格性質をもっており、そこから「かたぎ」と。また職人全般に。今はその雰囲気を称する。「学生～」。

けれんみ

外連味と書く。演劇用語。外連とは「俗受け」を狙った演出のことで、宙乗りや早変り。また「ハッタリ、ゴマカシ」のこと。普通、外連味の「ない」として使う。つまりハッタリやゴマカシのない「正真正銘」の演技と。

ごろつき

一定の住居もなくうろつく。脅しで生活している無頼漢。破落戸と書くが、これは意味（戸をうち破って脅す）に当てたもの。石のようにゴロゴロしてる。また無為徒食で、方々に寄食することを「ゴロック」といったことから転じて。

かねに糸目はつけない

金を惜しまないこと。糸目とは「凧」のバランスを調節する表面に張る糸。転じて資金制限。「糸目をつけない」でそれを取っ払うこと。

腕白、悪ガキのことを
ごんたと呼ぶのは？

壁塗り工のことを
左官というのは？

指南にひそむ
古代中国の話とは？

おっとり刀って
どんな刀なのか？

機嫌をとることを
ごまをする
というのはなぜ？

汚いことを
びろう
というワケは？

すっぱ抜くの
「すっぱ」とは？

仏頂面って
どんな顔のこと？

酒が飲めない人を
下戸というのは？

ごんた
ごんたくれ。腕白、ならずもの。暴れ者。『義経千本桜』に登場するならず者、「いがみの権太」から。今はいたずら小僧、悪ガキの称。関西では今でも使うが。

左官
左官職。壁塗り工、壁大工。かつて宮中の修理をおこなう木工寮の属の職人のこと。属を「サカン」と読んだ。古代官制で、木工寮の四等官の場合は木工頭（カミ）、木工助（スケ）、木工允（ジョウ）、木工属（サカン）と。木工寮の最下位のサカンが転じて。

指南
教え導くこと。指針を示すこと。指南役。もともと古代中国でかならず南を向く、南を指す人形を乗せた車が発明された。これを「指南車」といった。ここから指導することを「指南」と。

おっとり刀
あわてて飛び出すこと。大急ぎ。押っ取り刀と書く。つまり、急いでいるため、刀を腰に差すヒマもなく、手に取って駆け出す様子のこと。「おっとり」だからといってノンキ、のんびりのことではない。

ごまをする
ご機嫌をとること。他人に取り入って利益を得ようと。煎ったゴマは、すり鉢で擂（す）ると、飛んでべたべたとくっつく。そこから「べたべた」すること、くっつくことを。「女房に～。何かあるぞ」。

びろう
尾籠と書く。汚いこと、いじましい。もともと尾籠は「おこ」と読んで、ばかげた、愚かなことの意。音読みして「びろう」。汚い、いやらしの意に転じる。「～な話ですが腹の調子が」。

すっぱ抜く
出し抜く。暴露する。すっぱは透波と書く。戦国時代の忍者、間者（スパイ）のこと。彼らの出し抜けの、秘密裏の行動から転じた言葉。「女優Aの結婚、週刊誌が～いたよ」。

仏頂面
無愛想、不機嫌な顔のこと。仏頂尊（仏の頭部に宿る知恵の尊）の恐ろしい形相にたとえた言葉。反応がわからないこと。「何かあったの？　あの～は」。

下戸
酒が飲めない人。「戸」は律令制における課税単位。上位から大戸（たいこ）、上戸（じょうこ）、中戸（ちゅうこ）、下戸と分けられ、婚礼などのとき、酒の分配が決められた。もともとは酒の分配量で、下戸は少量。飲めないのではなく、量が少ないこと。転じて「飲めない人」に。

長丁場になる
さて「長丁場」って何？

火蓋を切るの
「火蓋」とは何のこと？

きら星の如く
キラキラ光る星？

丹前という名
どこからつけられた？

風呂屋の下働き男を
さんすけ
というワケは？

したり顔の
「し」と「たり」とは？

第六感とは
どんな感覚？

ピカ一の
ピカって何だ？

たわけとは
もともと古代のタブー？

長丁場
長い時間がかかること。丁場は町場の意味で、宿場と宿場の距離を表わす。長丁場はその距離が長く大変なことをいう。転じて、距離よりも時間を指すようになる。「今国会の〇〇法案、～になりそうだ」。

火蓋を切る
物事のはじまり。開始。火蓋は火縄銃の火薬をのせる皿のフタ。これを開けて火縄で火をつけ、弾を発射する。つまり戦いのはじまり。転じて物事の開始の合図。

きら星の如く
きらは「綺羅」と書く。あやぎぬとうすぎぬのこと。美しい衣装。転じて華やかさを。ここから星の美しいこととの表現。その美しさ、あでやかさは「星のようだ」。綺羅星ではなく、綺羅、星の如くでないと。

丹前
着物の上に防寒用に着る綿入れ。江戸初期、神田の堀丹後守の屋敷前にあった風呂屋に、伊達を誇る町奴たちが、綿入れ姿で通った。この姿を、堀「丹」後守屋敷「前」、つまり「丹前」と。風呂屋の名称も丹前風呂と。

さんすけ
銭湯の下働き男。また客の背中を流してチップをもらった。風呂屋の三助。三助はもともとは下男の意。飯炊き女の下女を「おさん」といった対で、下男を「三助」と。また下男の名前に「三助」というのが多かったとか。

したり顔
得意顔。ヤッター。シはする。タリは完了の助動詞。うまくいったときの顔だが、「顔」をとると、「したり」は、疑問や失敗を表わす。「これはシタリ」と「シタリ顔」、意味が逆。

第六感
直感。感は「勘」のことか。身体にそなわる感覚「五感」以外のもの。五感とは、視覚、聴覚、嗅覚、味覚、触覚。これらでは感じられない特別なアンテナ。六番目の感覚。

ピカ一
最高のもの。とりわけ光っていること。ピカは光る。もともと光ものとは、花札の二十点札（桐、松、坊主、桜、雨）のこと。配られた札のうち一枚だけ光ものがあることを「ピカ一」。

たわけ
バカ、愚かなこと。正常ではないこと。許されないこと。戯けと書く。近親相姦や獣婚など古代のタブーを「たはけ」といった。それが戯れるに変化、たわけとなった。淫らな行為に使われる。「娘だけではなく母親も。～」。

不夜城
もともとは
古代中国の城の名だった

～が本命
競馬の◎だが、由来は？

さくらの語源は？
客のふりして品をほめる

元も子もない
「元」とは？ 「子」とは？

あげ足をとる
「あげ足」って？

ふざける
なぜ「巫山戯る」と書く？

二枚目、三枚目
何の二枚目、三枚目？

修羅場の
修羅って何？

茶番劇
茶番狂言の略というが？

不夜城

夜のないような場所。歓楽街。ラスベガス、歌舞伎町か。もとは古代中国の城の名前（不夜県城）。夜でも日が出ているように明るかったと。「～には蝶も飛んでいるぞ」。

本命

有力視されること。競馬の◎。もともと生まれ年の干支で、本命宮（ほんみょうきゅう）に当たる九星の中心の星のこと。そこから、生まれながらに有力視、期待されることに。対抗、穴の星はない。

さくら

客のふりして、他の客に買う気を起こさせる者。もともと芝居で役者に声をかけるよう頼まれた無料の客のこと。桜は「見るだけ」、つまり何も買わない客のこと。主催者に動員された人々、これも「～だ」。

元も子もない

失敗して、すべてをなくすこと。元は元金（がんきん）。子は利子のこと。通帳ごと押さえられたのだろう。ただし、本来やめたほうがよいたとえで「それでは～」と。

あげ足をとる

つけこむ。言葉尻をとらえて非難する。もともと相撲や柔道の言葉。足取り。揚がっている足を攻撃すること。弱点につけこむこと。「人の～らないで、真面目に働け」。

ふざける

漢字で書くと「巫山戯る」。巫山（ふざん＝中国の名山）は「巫山の夢」（楚の懐王が巫山で、ここの神女と情交を重ねた夢を見た）で有名。それに戯れるが合わさって「巫山戯る」。故事を利用したなかなかの宛て字。冗談、たわけた話、にわかに信じがたいこと。

二枚目、三枚目

二枚目は美男子、三枚目はおどけた男。もともと芝居の話。江戸時代の芝居小屋には、番付の看板が。最初が座頭（ざがしら）、大看板、主役を。二枚目は流行の美男子。三枚目が道化役、敵役など狂言まわしが。

修羅場

戦いの場。大混乱の意。修羅は悪神・阿修羅のこと。阿修羅は悪の神で戦いを好む。そこでつねに東方の守護神・帝釈天と血で血を洗う戦い。その戦場のことが「～」。

茶番劇

みえみえ。わかりきったこと。馬鹿げたこと。茶番狂言の略。茶番狂言はその場のありふれた話題、題材をあつかう寸劇。茶番は客をもてなす者。軽い、こっけいから、わかりきったとか馬鹿げたものと。

二の句が継げないの
二の句って何？

馬脚をあらわすの
馬脚とは？

ペケは
どこの国からの言葉？

メリハリの
メリとは？ ハリとは？

なぜ警護の浪人を
用心棒という？

台所仕事の下女を
おさんどん
というのはなぜ？

くだらない
なぜ下らないと書く？

偶然のことをなぜ
まぐれという？

与太者の
語源には諸説あるが？

二の句が継げない

アホらしくて、言葉が出ないこと。二の句は、邦楽朗詠の二段目の句。独唱が高音のため、つぎの合唱で息継ぎが難しい。ここから声が続かない、「唖然とする」の意に。「総理の答弁のあまりの支離滅裂さに、～（質問が続けられない）」。

馬脚をあらわす

バレること。暴露される。芝居の馬の足の役。しかし時として、演じている者が、姿を見せてしまうことがある。これを「～」という。「野党の追及に～した」。

ペケ

ダメ。×（バツ）。もともとマライ語の「pergi（あっちへ行けの意）」。江戸末期の外国貿易のやりとりで、破談のときの言葉。中国語の不可（puko）という説も。今も関東圏はマルバツ、関西圏はマルペケ。

メリハリ

減張と書く。ゆるみと張り。物事の強弱。はっきりすること。もともと邦楽の音の抑揚、メリ（減）、カリ（甲）からきたと。「なかなか～の利いた文章です」。

用心棒

護衛の人。昔のガードマン。もともとは入口の戸を内側から押さえて、開かないようにする棒。しんばり棒。転じて警備、用心のことに。商家や博徒の警備、警戒のために雇われた浪人。時代劇の定番。

おさんどん

台所仕事をする下女。貴族の邸で下女の住まう場所（御三の間）の名からか。また、サンは炊爨（すいさん）の爨、つまり飯を炊くことからとも。いずれにせよ女性のこと。転じて台所仕事。「毎日～です。しょうがないよ、ヒモだもの」というのは変。

くだらない

つまらないこと。「くだ（下）る」とは京大坂から江戸へ行くこと。そこから、京大坂の高級品、ブランド品、良品を「くだりもの」といった。つまり「くだりもの」でないもの、が「～」。つまらぬもののことに。

まぐれ

偶然、思いがけないこと。「紛（まぎ）れる」からきたと。紛れて偶然にが「～」。またマクレルからとも。マは目、クレルは暗くなる。つまり突然「目がくらむ」ことから、思いがけないの意に。

与太者

役に立たない者、おろかもの。遊び人。やくざ。諸説あり。落語の間抜けの「与太郎」からがわかりやすいが。末っ子の方言（ヨテコ）から頼りないの意で。また、よたよた定まらないことからとも。

正念場の
語源は歌舞伎にあり！

ごちそうは
なぜ御馳走と書く？

試金石って
どんな石？

梨園とは
梨の果樹園のこと？

そば杖を食う
そば杖ってどんな杖？

ドラ息子の
ドラって何？

杓子定規
杓子を定規にすると？

台無しの台とは
どんな台？

うつつを抜かすの
「うつつ」って何？

正念場
一番肝心な場面。真価を表わす状況。もともと歌舞伎の「性根(しょうね)場」。見せ場、とくに心の動きを表現する最も演技力を求められるシーン。これが「～」に。

ごちそう
ふるまい、もてなすこと。馳走とは馬で走り回ること。そこから、美味しいものを探し回って、お世話をすることに。出すほうから、これ～です、とはいわない。受けるほうが「御馳走にあずかる」→「～さま」と。

試金石
価値、力量を推し量る、判断する材料のこと。「この試合は、一流を目指す彼にとって～となろう」。もともと、金銀など貴金属片をこすってその材質の品位を調べる石のこと。かつては那智黒を用いた。

梨園
演劇、芸能界、とりわけ歌舞伎界をさす。唐の玄宗は芸事にすぐれ、また好み、梨の木の庭園に広場をつくり、そこで芸事を学ばせ、またその宴を催した。ここを「～」といった。「彼女はついに歌舞伎界のプリンスと婚約。～の妻に」。

そば杖を食う
側杖、柄杖。関係がないのに、被害を受ける。喧嘩で杖を振りかざして暴れる人の傍にいて、間違って杖で殴られる、打たれること。とんだ災難。「女房と愛人の喧嘩の～」。その表現は間違いですが。

ドラ息子
バカ息子。仕事もしないでブラブラしている息子。放蕩息子。ドラは銅鑼。金属製の打楽器。合図の鉦(カネ)。「鉦を衝く」→「金を尽く」にかけたもの。

杓子定規
融通が利かない。一つの基準だけで物事をはかる。杓子とは、おしゃもじ。飯や汁をすくう。柄の曲がったものなども。これを定規にしようというのだから、どだい無理。それを押し通すことを「～」。「当方のルールですから」などと腹の立つ対応。

台無し
役に立たなくなる。どうしようもない。文字どおり「台」がない。ここは仏像を安置する台。台がないと「仏さま」の威厳が保てない。格好がつかない。転じてむちゃくちゃになる。

うつつを抜かす
心を奪われる。夢中になる。うつつは「現」。現は正気、夢の反意語。それが抜く、抜けるで、つまり正気ではないこと。「女に～」「競馬に～」。例多数。要するに「まともでない」こと。

うっちゃる
打ち遣るの変化だが？

片腹痛いの
片腹とは何のこと？

ぎこちないの
「ぎこち」とは何？

くたびれる
なぜ草臥れると書く？

猶予
猶には「猿」の意味も！

くびったけ
首にまつわる表現？

不良になることをなぜ
グレるという？

力士の呼び名をなぜ
しこなという？

たらふくを
鱈腹と書く理由は？

うっちゃる
そのままほうっておく。打ち遣（や）るの変化。「しばらくは～ておけば」。ただし逆に相撲の「～」は、土俵際に追いつめられているから、ほうっておけば負け。そこで逆転の「～」。つまり相手を「放り投げる」の意味が。

片腹痛い
おかしいこと。ただし相手を軽蔑したり嘲笑する言葉。もともと大いに笑えば、腹が痛い（腹を抱えて笑う）。傍（かたはら）痛い→片腹痛いという説も。

ぎこちない
見ていて行動が不自然。様になっていない。具合が悪い。もともと「ぎこち」は無骨（ぶこつ・武骨とも）つまり礼儀作法を知らない、無風流、才能のないこと。そこから、慣れていないことに。ぎごちないとも。「包丁さばきが～。コンビニ生活十年よ」。

くたびれる
疲れる。古く、みすぼらしい。また朽ちる。草臥れると書く。草臥は「草に臥し、水を渡る」の古典より、大変、シンドイこと（『詩経』）。また、クタは朽ちる、ビルはその状態。「仕事で～（疲れる）」「この服も～（ヨレヨレ。古くなる）」。

猶予
執行猶予とあるように、延ばすとか、延期するに使われる。だが、もとは疑う、決断しないこと。猶予の猶は、「なお」の他に「猿」の意が。猿は臆病で、しかも性格が疑り深いのだと。「～」とは、単に待ってくれだけではないのだ。

くびったけ
惚れこむ、気持ちが支配される。首っ丈。文字どおり首の丈まで深く入り込むこと。足元から首まで夢中になるさま。

グレる
不良になる。正常ではない。食い違う。もとはグレハマ。つまりハマグリを逆に読んで。ハマグリの殻は、同じ貝同士しか合わさらない。別の貝で合わないのが「グレハマ」。つまりグレた。愚連隊も「～」から。

しこな
醜名と書く。醜は強い、頑丈なこと。また自分のことをへりくだって呼ぶこと。相撲界では四股名と書く。力士の呼び名。強い頑丈な人で力士、その呼称が「四股名」（当て字）。

たらふく
鱈腹と書くが当て字。腹一杯食べる。堪能する。タラは足りる、フクはふくれる。また鱈は何でも食べるから（腹からカバンや靴が出ることも）。いつも腹を膨らませているから。

なごりって
名が残ること？

はっけよい
八卦良いが
語源というが？

名伯楽
伯楽ってどんな人？

もしもし
昔は「申す、申す」？

くもすけ
雲助、蜘蛛助と書くが？

断腸の思いの
哀しい語源とは？

両刀使いの
両刀とは？

独眼竜
元祖は中国人だった！

悪事を企む一味をなぜ
グルという？

なごり
名残。物事が終わったあとの気配。余韻。「〜」雪。ナは「名」ではなく「波」。つまり波残り。大風が収まり、荒れが静まっても、まだ波だっているさま。大波で打ち上げられ残された波、また海藻や小魚のあと。「お〜惜しいですが」。

はっけよい
相撲の行司の掛け声。易占いの「八卦（はっけ）良い」が語源と。ただし本家（相撲協会）の審判規定では、「ハッキヨイ」との掛け声でおこなうと。意味は「発気揚々」（気を高めて）。

名伯楽
もともとは馬の鑑定人、調教師。伯楽は一目見ただけで馬の力量、能力を推し量れた。転じて人の才能、力量を見つけ、育てあげる人。「横綱○○が今日あるのは、〜△△親方のおかげだ」。

もしもし
電話の合い言葉。電話が架設された明治二十三年、その言葉が決定。電話交換手（回線をつないでくれる局）に対して「申す、申す」だ。しかしやがて「もしもし」に。携帯でも「〜」。

くもすけ
宿場の道中人足。村の労役（助郷）のため抱えた無宿者。また駕籠（かご）かき、運送役で法外な料金を要求する者。雲助と書くのは、雲のように住所が定まらないから。また蜘蛛助と。クモのように悪いことの網を張るからか。

断腸の思い
腸が切られるほど辛い、苦しい。もとは中国古典より。小猿を船中に捕らえたら、母猿が百里も走り、舟に飛び込んで死んだ。母猿の腸は悲しみのあまりズタズタに切れていたと。耐えられないほど悲しい。

両刀使い
二つの仕事や芸をこなすこと。また酒（辛党）と菓子（甘党）を好むこと。もともと武士が大刀と小刀の両方に練達していることをいう。または「男も女も、両方に」刀（?）を使用すること。それ、俗説でしょう?

独眼竜
隻眼（せきがん）つまり片目の英雄。伊達政宗の呼称。ただし、元祖は中国唐末の群雄、李克用のこと。黄巣の乱を平定、勇名をとどろかせた李克用が隻眼であったため、「〜」と呼ばれた。今は、伊達政宗のほうが有名に。

グル
悪いことをする、また企てる仲間、一味。不審な連中が「ぐるぐる」と輪になっている様子が、何か悪事を企てるように見えたから。「ヤツらは〜になって、彼を陥れた」。

お年玉の玉は
球のことではない？

シャバは
苦しみの地か天国か？

吉原の太夫をなぜ
おいらんという？

破天荒
天荒を破るの天荒とは？

わんぱく
語源は関白。なぜ？

万引き
万を引くの「万」って？

おんぞうし
御曹司の「曹司」とは？

なぜ旅立ちのことを
鹿島立ち
というのか？

なぜ青い春と書いて
青春なのか？

お年玉
新年のお祝いの贈り物。かつては金でなく箸や扇、袋物などを。~は「御年に賜る」から転じたもの。~はお金である必要はないのだ。「不況で会社からの~。食券五枚?」

シャバ
娑婆と書く。現世。俗世。苦しみの世界。梵語のsahā、大地のこと。仏教では現世を苦しみ堪え忍ぶ世界ととらえるから。ただし、刑務所暮らしの者からすれば「~」は天国だ。経験あるの?聞くところによるとだが。

おいらん
位の高い女郎。花魁と書くが当て字。吉原の姉女郎のこと。妹分や禿(かむろ)らが、この先輩のことを「おいらんとこ(自分たち)のお姉さん」と呼んだことから。また老人さえも心を乱させるから「老乱」とも。

破天荒
未曾有、常識破り、考えられないこと。天荒を破ること。天荒とは天地未分の状態、これを破る。科挙(高級官吏任用試験)の合格者ゼロの地から一人が受かった。人々は破天荒とたとえた。唐代の話だが、以来常識を破った快挙をいう。ただし快挙でなくても使う。

わんぱく
腕白と書く。親のいうことを聞かない子供。手(腕)に負えない悪戯小僧。腕白は「関白」にかけたもの。関白は位人臣を極めた最高権力者。手に負えない権力者から、関白→腕白に。

万引き
客を装って商品を盗むこと。万引きは当て字。もとは「間引き」。間は物と物との間、隙間(すきま)のこと。隙間から物を盗む、またちょっとした間に盗むこと。

おんぞうし
御曹司、御曹子と書く。名門の子弟。お坊ちゃま。後継者。もともと曹司とは部屋、また部屋住みの子弟。後継者じゃないこと。頼朝も義経も源氏の御曹司だが兄の死で頼朝は棟梁に、義経は御曹司のまま。

鹿島立ち
旅立ち、晴れの門出。無事に旅行ができることを祈る。天孫ニニギノミコトが降臨したとき、先発隊としてタケミカズチノミコトが武勲を上げた。そこで鹿島神宮の祭神に。以来、武人は旅立つときは「鹿島神宮」に詣でたことから。

青春
もとは中国の信仰から。四方を守る神が「四神」、青龍、白虎、朱雀、玄武。その方位は東西南北。さらに季節は春秋夏冬。つまり「青」龍は春で、青春。

しあわせ
もともとは「仕合わせ」

中元
もともとは中国の祭日

のっぴきならない
の「のっぴき」とは？

しんまい
もとは「新前」と書いたなぜ？

図に乗るの
「図」とは何のこと？

ガタがくる
の「ガタ」って何？

お色直し
の本来の意味は？

毛嫌いの語源とは
馬の種付けに関係？

タンカを切る
のタンカとは？

しあわせ
幸福。幸せ。良きこと。もともとは「仕合わせ」。運命とか巡り合わせのこと。つまり必ずしも良いとは限らなかった。「仕合わせが悪い」。やがて出会うは仕合わせ、となり、それは幸いの意味に。

中元
もともとは中国の祭日、一月十五日を上元、十月十五日を下元といい、その中間が中元（七月十五日）だ。仏教のお盆と重なり、死者の霊をともらうことや、お世話になった人への供物、贈答の配布となった。

のっぴきならない
逃れられないこと。動きが取れないこと。「退（の）き」「引き」ならないと書く。つまり、もう後戻りができないこと。進、退ではなく、退、退ができないこと。引くに引けないこと。

しんまい
新米、古米、古々米のことではない。新人、慣れていない人。もとは「新前」と書いた。前とは前掛け。つまり奉公人が初めて店に出るとき、新しい前掛けで。すぐわかる。「お前、～だな」。

図に乗る
調子に乗る。出しゃばること。図とは楽譜のこと。声明（しょうみょう）と呼ばれる仏教の声曲。この楽譜で転調を示したところが「図」。うまく転調ができたことをつまり「～」と。今は逆に、「やりすぎ」のこと。

ガタがくる
歳のセイ？　あちこちに～。調子がよくないこと。もともとこれは仏教用語の「我他彼此（がたひし）」から。我と他、彼と此。互いに対立、もめごとが絶えないこと。車も～た。そして私と彼女も「我他彼此」。

お色直し
結婚式の式服から、一般の服に着替えること。式服は白と決まっていた。もともとこれは「死装束」のこと。死んでも二夫にまみえないの意。そして現在を表わす平服に着がえるのだ。

毛嫌い
真から嫌う。ウマがあわないこと。そう、馬のこと。「博労（ばくろう）言葉」。馬の生産者にとって、種付けは大切な仕事。名血馬の種付料は桁違い。もっともメスにも嫌がるのがいる。あんな男（馬）はイヤ。これを関係者は「毛嫌い」と。栗毛はいいが葦毛はイヤよ。

タンカを切る
歯切れの良い言葉で相手を圧する。啖呵と書く。もとは弾呵（だんか）。古代インドで、羅漢や菩薩をやりこめた男の歯切れのよい言葉のこと。

ベソをかく
ベソって何のこと？

かったるい
江戸時代からの言葉だが

ステキ
素敵と書くがもとは素的

下駄をあずけるって
誰に下駄をあずけるの？

カサに着るの
カサって笠のこと？

脚色って
足の色と関係ある？

うるさいの
語源は諸説あるが……

ざらにあるの
「ざら」って何のこと？

ひけをとらないの
「ひけ」とは？

ベソをかく
口を歪めて泣く。泣き顔。「圧口」（へいぐち＝唇が押さえつけられる。口を歪めるさま）が「ベソクチ」に変化。ベソはあくまで子供のさま。大人はかかない。「彼女に逃げられて～？　お前のオツムは子供なみか」。

かったるい
めんどう。わずらわしいこと。要領を得ないこと。現代用語のようだが、江戸時代から使われていた。もともと腕がだるいから、「腕（かいな）だるい」→「～」に変化。「どうも君の話は～くていかん」。

ステキ
すばらしい。最高。素敵と書くが、「敵」とは関係ない。もとは素的。素ばらしい的、すごい的、のこと。「一般的」の的というより、人名などに付ける愛称のテキか。晋テキとか宗テキとか。

下駄をあずける
他人に行動をまかせる。一任する。江戸期から、大衆遊戯施設はすべて土足厳禁（下駄だが）。遊郭や芝居小屋、寄席などで下駄は下足番に。ここから「～」。「会議ではA社に～形となった」。

カサに着る
地位を利用して威張る。増長する。「代官の威光を～て、悪行三昧」。カサは「笠」つまり陣笠のこと。戦国時代の足軽たちは大名の威光を背景に、百姓町人に乱暴狼藉（ろうぜき）。そんなの今でもいっぱいいますが……。

脚色
映画演劇で、その内容を際立たせること。足の色ではない。しかし、もとは古代中国で「履歴書」「経歴書」のこと。それが演劇の仕組書に、また役割に。履歴書を～したら、「詐称」になってしまうが……。

うるさい
五月蝿と書く。なるほど五月の蝿は「うるさい」。これは当て字。諸説あり。右流左死（うるさし）説。右は右大臣菅原道真（大宰府に流される）、左は左大臣藤原時平（道真の祟りで悶死）。もとは道真を尊崇することを右流左死。やがて混乱、うるさいと変化したとウソのような説も。

ざら
あたりまえ。「こんなこと～にある」。日常茶飯事。もとは小銭のこと。江戸時代の一文銭を「ザラ」と呼んだ。ザラザラと財布から出てきて珍しくもないからか。

ひけをとらない
互角。負けない。「阪神、戦力では～のだが」。ひけは「退け」。両軍対峙して動かない。つまり「退け（退却）」をとらない。とれないのだ。とったほうが負けてしまうから。

ちぐはぐの
意外な語源とは？

ずぼらは
坊主の逆読み！ なぜ？

しんどいは
関西弁ではない？

あつかましい
何が厚いのか？

せこいの
「せこ」って何だ？

ちっぽけ
人間の尻尾が語源？

うずたかい
「渦高い」ではない！

おおっぴら
「開く」と関係する？

あんまり
「あまり」とどう違う？

ちぐはぐ

揃っていない。要領をえない。もともとはカタチグのこと。カタは片方。チグは一具。ハグははぐれること。つまり一揃いでなく、離れている意味。揃うはずが揃わないことだ。○△党なにをやっても「～」。大丈夫？

ずぼら

だらしのないこと。いい加減。怠け者。実は「坊さん」のこと。坊主のなかには修行もせず、酒色に溺れる者も。これを「ボウズ」を逆読みして「ズボウ」、そして「ズボラ」に。諸説あり。

しんどい

疲れた、苦しい。おっくうで難儀なこと。もとは「辛労、心労（しんろう）」。辛労、心労ともに和製漢語で、辛く疲れる、心が痛むの意味。必ずしも関西弁ではない。「献金問題。新総理も～話や」。

あつかましい

遠慮がない。身勝手。鉄面皮のこと。厚かましいと書く。厚はつまり「面の皮」のこと。……しい、は形容を表わす接尾語（ずうずうしい、晴れがましいなど）。反対は「つましい」。

せこい

細かいことに執着する。こせこせしてずるい。勢子からか。勢子は狩りなどで獲物を追い出す人。セコセコする？ 息が詰まる「塞（せ）く」あるいは「狭し」とも。「世故い」と書くように世事に長けて、うまくやるヤツだ。

ちっぽけ

小さい、わずか。人間にも尻尾がある。ちいさいけれど。尻尾（しりお）の気（け）が語源と。シリオが変化してチッポ。その気配でチッポケ。「貴女の尻尾のように、～な幸せをつかもう」（しまらない話になるよ）。

うずたかい

堆いと書く。盛り上がって高いこと。もともと「厳（イズ）」。それが「珍（ウズ）」に。いずれも貴いこと。だから「渦高く」ではない。つまらない本でも「～く積まれている。本来は、「貴重」な書籍でないといけないのだが。

おおっぴら

隠し事をせず、公開する。人目をはばからないこと。無神経さ。「大開き」がもとの意味。遠慮しないでということ。大開と書けばわかりやすい。「若い娘が、車内で～に股を開いて居眠り」。わかりやすい！

あんまり

度を超えていること。「余り」を強調。あまり……、の場合は限定的に使うが、「あんまり」となると完全な否定を意味する。「この就職難の時代にクビなんて～だ」。

おしゃれ
お洒落と洒落の差は？

しみったれ
「しみ」が「垂れる」？

彼氏は
徳川夢声氏の造語か？

つまらない
「詰まる」の否定語？

気の置けない
間違った使用例に注意！

ぐでんぐでん
「ぐでん」って何？

けげん
もとは仏教用語から！

わりない
「理無い」と書くが？

極道って
何を極めるのか？

おしゃれ
化粧、服装を整える。派手によそおう。シャレとは「曝（さる）」から変化。つまり風雨に曝されて洗練されること。それが「洒落」（戯れる＝ざれる）の言葉と合って、「お洒落」に。「～に着飾って銀座まで」。

しみったれ
けち。みすぼらしい。また度量が小さい。「染（しみ）垂れ」の変化。シミは衣服の染、汚れ、垢（あか）のこと。きたないこと。つまり貧乏くさいのイヤミ。「もうイヤ、～の彼は」。

彼氏
彼のこと。本来、彼と彼女だが、彼に「氏」をつけてからかった言葉。徳川夢声の造語。今は若い女の子の使う言葉。氏は由緒ある出の意味。わざと氏をつけてヤユすることが流行った。「今度の～、サーファーなの」。

つまらない
納得できない。おもしろくないこと。「詰まる」の否定。詰まるは、決着する、納得すること。道理を理解すること、させられること。それが転じて「おもしろい」の否定で、馬鹿げているとなる。「この説明も～!?」。

気の置けない
気にしなくてよい。安心、気楽なこと。信頼すること。もともと「気を置く」つまり用心するの否定形。「うっかり洩らすとなにしろ～人だから」は間違い。よく誤解される使用例。

ぐでんぐでん
酔っぱらって、正気を失うこと。ぐでんは「愚殿」、立派な方、貴方様の「貴殿」をもじったもの。一種の冷やかし言葉。オバカさんねの「愚殿」を重ねたものだ。「なにしろ～に酔っぱらっていたもので」。

けげん
怪訝と書く。納得がゆかない、訝（いぶか）しく思う。不思議なこと。もともと仏教用語。仏が姿を変えてこの世に現われることの「化現」から。不思議なことであり、怪しむこととなる。

わりない
理無いと書くから、道理がないこと。わきまえがない。つまり理（ことわり）がつかない、説明しようがないこと。昨今は「～仲」として、説明不能の関係を。誰に？　もちろん女房に。

極道
悪事を行なう。放蕩にふける。極は「きわめる」。つまり道楽を極める→「極道」。ただしこれには悪事はない。むしろ放蕩だ。悪事なら「穀盗人（ごくぬすっと）」から転じて「極道」。わるさをする、嫌われ者のこと。ヤーサンのこと。

きな臭いの
「きな」って何だろう？

しつこい
執こいか躾濃いか？

がさつ
ガサツクから転じた？

冷たい
語源は爪痛しというが？

親切
親を切ることではない！

がめつい
菊田一夫氏の造語か？

ダサイ
「無駄臭い」が変化？

べっぴん
別嬪の「嬪」とは？

まめな男の
「まめ」って何だ？

きな臭い
紙や布の焦げる臭い。衣臭（きぬくさ）いの転。物事が起こりそう。その気配をいう。つまり臭いだしたこと。やがて「こげ臭い」となる。「戦争を予感させる〜事件だ」。

しつこい
くどい。うるさくつきまとう。からみつく。執拗の「執」に接尾語がついたというのが一般的。また「躾（しつけ）が濃い」からとも。「彼って〜のよ」。これ、「躾が濃い」ではないよ。

がさつ
落ち着きがなく、ぞんざい。もともと「苛察（かさつ）」からといわれているが、意味は厳しく詮索すること。むしろ反対の言葉。やはりガサガサする。ガサツクから転じた説のほうが合っている。「なにぶん性格のほうは生来の〜者で」。

冷たい
冷える。寒い。薄情。もとは「爪」＋「痛し」（ツメイタシ）。寒さのため指先が凍り、痛いこと。そこから人の心情にも「凍る」意に。〜「知らせてくれればよいのに。〜なあ」。

親切
やさしい、思いやりがある。もとは「深切」。深く切実なこと。切は刃物を肌に当てるように、身近ということ。切断の意味ではない。親切は「親を切る」のでなく「親しく接する」こと。

がめつい
欲深、抜け目のない。ケチ、そつなくかせぐ。どうやら菊田一夫氏の造語（演劇『がめつい奴』）らしい。がめは「ガメル」こと。麻雀用語で高い役を作るために密かにチャンスを待つこと。そのガメは亀、それもスッポン。食いついたら放さない。

ダサイ
スマートでない。野暮ったい。泥臭い。無駄に余計なものがついて洗練されていないこと。ここから「ムダ」にクサイがついてムダクサイ。ムがぬけて、ダクサイ→ダサイに。都会人のいう埼玉のダサイタマ、関係ない。

べっぴん
別嬪と書く。器量よし、美人、きれいな女性。もともと「別」品。品、品性が他に「比して」勝れている意味。嬪は美称、姫様のこと。「オッサン」用語。最近ほとんど使われない。

まめ
忠実と書く。よく働く。気が利いている（こまめ）。マメは「真」と「目」。相手に対して、真から接すること。ただし昨今は「忠実」さより、アフターケアの意に。「ともかくヤツは女の子には〜だから」。

よそよそしい
余所余所しいと書くが？

気さく
気がサクイ。
サクイって？

やんちゃ
脂茶（やにちゃ）が語源？

物色
語源は中国にあり！

あてずっぽう
当ては適当、
ずっぽうとは？

つわり
なぜ悪阻と書くのか？

なぜ母親のことを
おふくろという？

かかしは「嗅がし」が
語源というが？

だんどり
もともとは歌舞伎用語！

よそよそしい
余所余所しいと書く。他人行儀のこと。余所は正面から離れた、外れた場所。まともでないこと→「余所見するなど」。重ねて「離れる」「関係ない」「外れる」を強調。「最近、彼女の態度が～くなった」。

気さく
性格があっさりしている。こだわりがない。親しみやすい。気がサクイ。サクイは淡泊、もろいこと。しつこい、うるさいの反意語。「彼女のあの～な性格が好まれるのだろう」。

やんちゃ
わがままな子供、いうことを聞かない子供。「～坊主」。ヤニチャ（脂茶）の転。子供は扱いにくい。松ヤニがネバネバとして扱いにくい。大人にとって扱いにくいたとえ。「うちの子、～で困ってます」。

物色
ぶっしょく。多くから好みのモノを選び出す。品定め。古代中国で、生贄（いけにえ）の色や形。さらにそれを選ぶことを「～」といった。色つやを見て選んだのだ。「夫は女の子を～中、妻は毛皮を～中」。どこかおかしい。

あてずっぽう
適当にことをおこなう。根拠なしの論理と行動。もとは「当て推量」。それが変化して「当て推坊（ずいぼう）」さらに「～」と。また「当（適当）て寸法」の転からとも。「～で答えたら正解だって」。

つわり
悪阻と書く。妊娠初期の吐き気や、食欲不振。芽が出る、ふくらむの動詞「つわる」から。新しい息吹のよい意味だが、嘔吐、吐き気などから悪阻（おそ）の漢語があてられた。

おふくろ
お袋。母親。母親はあらゆるものを取り仕切り「袋」に入れて管理したから。また子供をふところに抱いているから「おふところ」。そこから「～」へ。昔は男女が使ったが、現在は男性言葉。息子から母親へ。

かかし
案山子と書くが当て字。もとは「嗅（か）がし」。つまり田畑を荒らすイノシシや狸、また鳥たちが嫌うニオイ。追い払うものならみな「かかし」。人が一番嫌われる？　案山は平たく低い山、山田のこと。

だんどり
段取り。物事の準備、順序、方法と工夫。もともと歌舞伎用語。芝居のスジの運び、順序が段。これを手際よく進行させるための舞台裏の手順をいう。「まったく～が悪いんだから」。

ドジを踏む
ドジは相撲用語というが？

なぜ、いつわりのことを**うそ**というのか？

利子のことをなぜ、**利息**というのか？

まぐれ
語源は「まぐれる」だが？

はんなり
京言葉とは限らない！

かなでる
なんと踊りからの言葉！

おんのじ
なぜ「御の字」と書く？

ひもじい
なぜ「ひ文字」と書く？

さめざめ
と泣くのは女性だけ！

ドジを踏む
とんだ失態。これ相撲の言葉。つまり「土地を踏む」こと。土地といっても土俵の外のこと。足が出れば当然負け。確かにドジだ。「また〜やがって」。いつもいわれています。

うそ
いつわり。嘘。ウソの「ウ」は烏。「ソ」は素、つまり白のこと。答えは「白い烏」。中国の故事に、白い烏が売られていると。実際には黒いのばかり。当然だが。だから、いつわりのことを「烏素」と書く。

利息
利子。中国古典にある「息は利の如し」と。息は息子のこと。要は男の子のほうが、将来役に立つということ。あくまで中国古典（『史記』）のはなしですが。バカ息子三人、まったく役立たずばかりですが。

まぐれ
偶然の産物。たまたま。もともと「めまい」を感じるの「眩（まぐ）れる」から。また「紛れる」とも。いずれも「まぐれる→まぐれ」に。三連単、八十二万馬券、しかも特券で。そりゃあ、めまいがしますよ。

はんなり
華やかだが、落ち着いた、上品なさま。気品のある。もとは「花也（はななり）」。京言葉のようだが、古くから江戸でも使われていた。味、着物、情緒、さらに振る舞いまで形容する。

かなでる
奏でると書く。つまり音楽を演奏すること。しかしもとは、踊り、舞いから。「〜」は「腕（かいな）が出ること」。つまり腕を露わにしてまで激しく舞うこと。名曲を「〜」というイメージとは違いそうだが。

おんのじ
御の字と書く。十分。結構なこと。廓（くるわ）言葉か。遊女はひいきの相手に文を。そして必ず「御」の字を。惚れていますと。敬語だが「貴方は特別よ」と。今は、十分の意に。

ひもじい
腹が減った。空腹でつらい。「ひ文字」と書く。昔の人は腹が減ると「脾臓（ひぞう）がだるくなる」と思っていた。つまり「ひだるい」。しかし空腹は恥ずかしい。そこで「ひ文字」という隠し言葉で。暴飲暴食のメタボ時代にこの隠し言葉はない。

さめざめ
細雨細雨と書くとわかる。小雨（こさめ）のような細やかな、静かな雨のように。女性のひめやかな涙。これが「〜」。男が「〜」と泣いたらシャレにならない。男は天を仰いで号泣。

たちまちは
「急に」だと
思っていたが？

どっこいしょ
相撲からきた言葉だ！

うっかりの語源は
「浮かり」というが？

裏で**糸を引く**
納豆のことではない！

落とし前
もともとテキ屋の言葉

裏づけ
何の裏につけるのか？

戒名って
本来は生者への法名！

かけおち
もとは「欠け落ち」？

ガッツ
英語からきている！

たちまち
すぐに、急に、にわかに。「〜雨が」。しかし「たちまち」はけっこう時間がかかる。これ立待月から。旧暦八月十七日の月。立って待っていると月が、のこと。つまりそれだけ時間がかかる「やがて」の意味もあるのだ。

どっこいしょ
立ち上がるときの気合い。かけ声。もと相撲言葉。格下の相手に対して「何処（どこ）へ、何処へ」とからかう言葉。これが「気合い」のドッコイ（ショ）、ドッコイ（ショ）に。

うっかり
ぼんやり。注意散漫、〜ミス。もとは「浮かり」。浮く、漂うの意が。また、うっとりの変化という説も。どちらも定まらないこと。「〜ドアを閉め忘れまして」「家の？」「いや電車の」「〜で済まされないぞ」。

糸を引く
背後に隠れて人を動かす。納豆のことではない。「操り人形」のように、人を動かす。姿が見えないのが重要。操り人形を操作するように、「〇〇団体は××ら一派が陰で〜いる」。

落とし前
話をつける、後始末をする。もともとテキ屋の言葉。「落とす」は決着をつけること。「前」は割り前（の分担）。露天商仲間ではトラブルも多いため、常に「〜」をつけなければならなかった。失敗の後始末として使うことが多い。

裏づけ
事案の信憑性を証明するための資料。証言。もともと証文などの裏に表の内容が正しいことを記したもの（裏書き）。「〜もなく、マニフェストに」。財政の〜もないのに……。

戒名
僧侶が死者に与える法名。もともと受「戒」（仏門に入る）のときの名。だから「〜」とは、僧侶の名前（法名）。今は、死者に。もちろん生きてます。今は、死者に。これ坊さんのための「生活保護制度」。なにしろ高い。

かけおち
男女が何らかの理由で、その土地を逃げ出すこと。戸籍からの「欠け落ち」。もとは男女関係なく集団からの逃亡。今は男女の逃避行。「両親付きの〜？　それって、一家夜逃げというの」。

ガッツ
根性。やる気。英語の guts か。これは腸の複数形。そこから内臓全般のことに。さらに、肝っ玉から「根性」の意味に。内容関係なしに「〜」「〜」を連発する野球解説者の「根性」もたいしたものだ。

観光
何の光を観るのか？

きわもの
なぜ際物と書くのか？

シカト
語源は花札にあり!?

しょうもない
「しょう」って何のこと？

しんがり
殿軍と書くのはなぜ？

やばい
もとは窃盗仲間の隠語

尋常
尋も常も長さの単位！

セレブ
英語からきているが……

そつがない
「そつ」って何だ？

観光
名所旧跡をたずね歩く。中国古典に「国の光を観る……」と。国の威光を観ることで、参考にすること。今日の国情視察（議員のやる）。ただし、視察でなくアゴアシつきの観光旅行。本来の意味は完全に忘れている。

きわもの
際物と書く。流行を当てこんだ商品、企画。「際」は間際のこと。もともとは時期を当てこんだもののこと。正月前の門松とか、時季を逃すと売れなくなるもの。

シカト
無視する。相手にしない、仲間はずれにする。これ、花札のこと。十月札は「鹿と紅葉」の十点券。ここから、鹿十（とう）と。問題は絵柄。鹿がまったく無関心のように「横を向いている」。ここから仲間から相手にされない（しない）という解釈に。

しょうもない
つまらない。アホらしいこと。もとは「仕様」がない。仕様とは方法、手段、やり方の順序。それがないということで、「お手上げ」のこと。転じてつまらない、くだらんと。

しんがり
殿軍と書く。軍隊の退却で最後尾の隊。敵の追撃をかわしながら後退する危険な役割。もともとは「後駆（しりかり）」。臀部の臀をあてて、「殿」に。「～は部長のマイウエイ」。これ、耳に危険だ！

やばい
危険なこと。若者の間では魅力的なことをいう。もともとは「危ない、危うい」から転じた語。窃盗仲間の隠語。危ないことから、今や素晴らしいの意に。「若者の頭の中は～」。

尋常
ふつう。まとも。常識的。「尋」も「常」も長さの単位。尋は約一・八メートル、常は倍の三・六メートル。どこにでもある値。そこから当たり前のことに。「～に勝負せよ」。ズルはいかんよ、のこと。

セレブ
最近何でも「～」。高級、優雅のこと。英語のセレブリティの略。もともと「著名人」の意。それが、恵まれた、さらに大金持ちに。「これが～な犬小屋です。しかもプールつき」。何でも～をつければよいといっても。

そつがない
抜け目ない。欠点のない。うまくとりはからうこと。もとは「失がない」。つまり失敗がない。無駄がないこと。「失」が「損」に変化したとも。損がないこと。「仕事？　～くコナしています」。

坊さんの妻をなぜ**大黒さま**という？

ためぐちの「ため」とは何だろう？

つてを頼るの「つて」って何？

でっちあげの「でっ」って何のこと？

臓物料理のことをなぜ**ホルモン**という？

僧のことをなぜ**坊主**という？

とんずら「とん」とは？「ずら」とは？

はしょる何の端を折るのか？

八面六臂の六臂って何？

大黒さま
昔は坊さんは妻帯がダメ。そこで「～」だと。もともと仏教（仏、法、僧）を守る戦闘の神様。やがて日本の大國主命と習合して「米俵を抱えた福徳の神様」「台所の神様」に。台所を守るから、坊さんの奥さんに。

ためぐち
敬語を使わず目上に対して対等に話すこと。仲間言葉。タメは博打（ばくち）用語のゾロ目（同じ目）。そこから五分五分、つまり対等と。若者が「～」をきくのは、意図してではなく、「～」（仲間言葉）しか知らないからです。

つて
正式でなく、個人的な関係で事を行なう。「～を頼って、ようやく入社した」。もとは「伝える」。伝言すること。今は、人を介して伝える、つまりコネ（コネクション）、縁故を頼る意に。

でっちあげ
事実でないことをあるようにする。捏造。一般的には「ねつぞう」と読むが、本来は「でつぞう」が正しい。捏（でつ）はこねること。デツの音から「デッちあげる」と。

ホルモン
内臓器官の生理活性物質。ギリシャ語で「刺激する」の意味。ただし「～料理」となるとまったく無関係。動物（牛豚）の臓物は不要物で、捨てられていた。つまり関西弁で「放（ほう）るもの」。それを調理したのが「～」料理。

坊主
僧侶。坊は古代の区画（坊条）のこと。そこの区画の寺院の所有者を、「一坊の主」といった。ここから「～」と。やがて一般僧侶のことも「～」と呼ぶようになった。

とんずら
逃げ出すこと。窃盗仲間の隠語。「逃走して」「ずらかる」こと。ずらかるは「ずれる」、つまりその場から抜ける、外れる。「また～か。肝心なときにはいないのだから」。

はしょる
ものごとを省略する。簡単にすること。「端（はし）を折（お）る」ことから。もともとは歩きやすいように、また雨に濡れないように、着物の端を折ったことからきた。「まえがきは～て、本題に。ええっ、本題も～れ」。

八面六臂
何人分もの仕事を行なう。幅広く活動する。また手際よく処理する。三面の顔と六つの臂（ひじ）をもつ阿修羅像の姿から。さらに忙しいの形容がついて三面が八面に。「～の活躍。もちろんネコの手も借りてます」。

バッタもん
江戸時代からの言葉だが？

ダメになることをなぜ**ポシャる**という？

ぼったくり
「ぼる」は暴利だが？

年老いた女性をなぜ**うば**という？

童謡の**カゴメ**の意外で素朴な語源は？

じじむさいの「むさい」とは？

じたばたの
ジタとは？ バタとは？

しょっちゅう
初中後の略というが？

買わずに逃げることを**ションベンする**というのは、なぜ？

バッタもん
倒産会社の商品、裏ルートで仕入れた商品。ワケあり商品。江戸時代からの擬態語で投げ売るの「バッタ、バッタ」から。昆虫のバッタのように飛び跳ねることからか。売人がバッタ屋。

ポシャる
計画がダメになること。帽子をフランス語で「シャッポ」。まいった、をシャッポを脱ぐと。そこから降参の意味に。やがてシャッポをひっくり返して「〜」。ダメになったという意味に。「例の企画、結局〜ってしまったよ」。

ぼったくり
法外の請求をされること。「〜バー」。ボル、ボラれること。ボルは暴利の動詞化。暴利でひったくられるが、「〜」。「ビール二本、枝豆一皿で十万。〜られた」「どこの店や」「いや女房にエルメスねだられた」。

うば
姥と書く。女偏に老。文字どおり年老いた女。「う」は生む、母親を生むで、おばあさん。その他諸説あり。姥は老いて歯がない。ここから歯の小さな「ウバザメ」、歯（葉）のないのに花が咲く「ウバザクラ」、「ウバユリ」などに転ずる。

カゴメ
駕籠（かご）の目。かごの中の鳥の童謡（わらべうた）が「〜」。これは「囲め」「囲め」のかけ声から。江戸時代には庶民の子供の遊戯として流行。

じじむさい
むさいとは、不潔できたないこと。むさくるしい。衣服が染みて、汚れて、きたないこと。ただ、「じじいクサイ」が一般的。年寄りじみていること。昨今はやりの「加齢臭」か。ガキどもにだけはいわれたくない。

じたばた
手足をバタバタさせる。あわてふためく。もともとは「七転（顚）八倒」のこと。シチテンバットウのシチ（ジタ）、バッ（バタ）が変化して。

しょっちゅう
終始。いつも、常に。芸道や修行の初心から熟達（名人）までを「初、中、後」と三段階に分けた。つまり全体が初中後。これを縮めて「初中」と。これで初めから終わりまで。「〜」喧嘩しています。別れたら?

ションベンする
小便。契約を無視して逃げる。買わないで見るだけ。欲張りのバリから（小便はユバリという）。逃げるときかならず小便をするのが蛙。そこから蛙（かわず）、「買わず」と。「このモモヒキ小便できません。できなきゃいらねえーよ」（落語の話）

パクるは
もともとは警察の隠語!

マージャン
なぜ麻雀と書くのか?

嫉妬することをなぜ
焼き餅を焼くという?

花街、色街のことを
なぜ**花柳界**という?

えげつない
「えげつ」って何のこと?

アゴアシつき
アゴとは? アシとは?

タダ見の客のことを
なぜ**アオタ**というの?

切り札の語源は
トランプにあり!

いぶし銀の演技
銀を燻すとどうなる?

パクる
盗む。捕らえる。もとは警察の隠語。パクは捕縛（ほばく）の縛。逮捕（捕縛）者の多くが窃盗犯であったため、「〜」が「盗み」の意に。「A社の企画〜ってきた」「警察に〜られるぞ」。

マージャン
麻将とも書く。もともと中国の遊戯。「麻」は麻布の上でかき回したからとも、その牌をかき回す音が「雀」に似ていたからとも。紀元前六世紀に孔子が発明したという伝説もあるがウソでしょうね。

焼き餅
嫉妬すること。ねたみ。「妬く」が「焼く」に。そこに餅をつけて〜。嫉妬すると胸やけがするからの意。また、身を焦がすから、また「やきもき」するからともいわれている。

花柳界
花街、色街。遊里。中国では「花街柳巷」といって、入り口に花や柳が植えられていた。この花街柳巷を略して「〜」。神楽坂？　高そう。赤羽の飲み屋。それって〜とはいわない。

えげつない
あくが強い。不快なこと。やりかたが露骨なこと。木の実などの「えぐい」から派生した言葉か。関西の「いげちない」（薄情、貪欲）の転とも。「こんな〜話ありますか。煙草代が月千円でっせ。ウチでは」。

アゴアシつき
接待する。されること。アゴは顎。つまり食費、アシは交通費。熱海の高級温泉、高級料理、もちろんハイヤーで送り迎え。もともと寄席芸人の隠語。江戸深川の遊里で行なわれていたらしい。「〜、されたい」。

アオタ
タダ、タダ券。興業やイベントでタダ見の客。稲の青田（青田買いの青田）のことで、まだ実がなっていないところから、「実入りがない」にかけたもの。関西地方でよく使われる。「今日の客は〜ばかりや」。

切り札
最も有効な手段。とっておき。もとはトランプでオールマイティ（最強札）の札から。この札を持つと負けることはないことから。「阪神には代打の〜がいます」。でも負けてばかり。

いぶし銀
渋い。味わいがある。金のきらびやかさに対比。「燻し銀」と書くように、銀の表面を「燻す」こと。また自然に変化して味わいが出ること。人工的に燻すより、今は自然と深みが出ることに使われる。「まさに〜の演技」。

第三章

なるほど！常套句にひそむ古人の知恵

イダテンのように速い
イダテンとは？

油断の
意外な語源とは？

死語になりつつある
半ドンだが……？

超弩級（ちょうどきゅう）
のホームランって、
どんなホームラン？

ピンからキリって、
いったい
どこからどこまで？

三国一の花嫁の
三国って、どこ？

イダテン

足の速いことをいう。韋駄天と書く。仏法の守護神。また子供の病魔退散の神。しかし韋駄天はやはり足の速いことで有名。昔、インドの悪い鬼が仏舎利（お釈迦さまの骨）を盗んで須弥山（しゅみせん）に逃亡。これを追い、取り戻したのが韋駄天。その須弥山は約千三百万キロの高さ。それを一瞬に駈け上ったのだ。その足の速さはボルトの比ではない。

油断

油断大敵。その大敵とは、油を断つこと。オイルショックだ。原油高騰。わが国の死活問題。昔、インドにとんでもない暴君。家臣に、油いっぱいの鉢を持たせ、一滴でもこぼしたら死刑と。家臣は必死に頑張った。ここから油を断つ（こぼす）ことを油断と呼んだ。つまり慎重に、必死にだ。

半ドン

勤務は午前中まで。今は週休二日制だから、完全に死語。明治以降、日曜休み、土曜は半日勤務。では半ドンのドンとは？　これオランダ語のゾンダックから来ている。ゾンダックとは日曜のこと。だから半ゾンダック（半ドン）は、半分日曜（半日出勤）。今の半ドンは、牛丼半ライス。

超弩級

ワールドシリーズで「超弩級本塁打」に歓声！　超は凄いこと。アホガキの好きな「チョー」。弩とは大弓。剛腕の引く弓。ところが一九〇六年、英国で巨大戦艦が建造された。名はドレッドノート。以降、このドレッドノート級戦艦を「ド」級戦艦と呼んだ。やがて世界はそれを凌ぐ巨大戦艦の建造競争へ。そして例えば大和や武蔵級を「超ド級戦艦」と。戦後「弩」が復活。そう「超弩級本塁打」。

ピンからキリ

最初から最後まで。すべて。ピンは一、キリは十。この言葉はポルトガル語。一はピンタ（英語でポイント）、十はクルス。一から十までだ。一がピン。頭のことだ。だからその頭をはねることが「ピンハネ」。ちなみに韓国朝鮮語で一は「ハナ」。ハナからわかっているって？

三国一の花嫁

結婚式の定番。では三国とは。明治以前の日本にとって世界は、日本、唐（中国）、天竺（インド）でしかなかった。つまり三国一とは世界一の花嫁。もちろん今や死語に。花嫁は米国、中国、日本の大食い大会で優勝。三国一の花嫁。やめなさい。

おてんばって、
何語？

チョンガーを
独身貴族と訳せる？

ヌーボーとした男って、
どんな男？

ダンナ、
このごろお見限りですねの
ダンナの語源は？

台風って、
もちろん日本語でしょう!?

ズベ公って、
ハチ公の親戚？

おてんば
手に負えないジャジャ馬娘。実はオランダ語でジャジャ馬娘のオンテンバー。それを日本語で書くと「御転婆」。もともとあった活発な女の形容「てばてば」と混ざったか。活発というか、女としてのたしなみがないというか、出しゃばりというか。女のたしなみ? あるワケないでしょう。

チョンガー
独身のこと。ただし貴族かどうか。三十越え、四畳半、趣味競馬、主食はコンビニ弁当。これがチョンガーの実体。チョンガーは韓国朝鮮語。漢字で総角（子供の髪型、日本語であげまきと読む）。韓国人の友人笑って曰く、チョンガー、実は隠語で「童貞」のことなの。

ヌーボー
とらえどころがないこと。ヌーと入ってきて、ボーと立っているから? まあ、そんなもの。ヌーボーとはフランス語で「新しい」という意味。十九世紀末に起こった新芸術運動（派）をアールヌーボーという。これは世紀末を予感させる不調和、不安定、不定形な題材に特徴をもった。日本ではその語感と合って、とらえどころがない意味に。

ダンナ
「旦那、最近ご無沙汰ね、いい人見つけたの?」。旦那はもともと檀那と書く。これは古代インド語で陀那鉢底のこと。つまり施主だ。施主とは僧侶や寺院に金品などを寄進、布施をする人のこと。つまり信者ではなく、今流にいうパトロン。旦那、大将、社長。客引きの合い言葉だが。

台風
日本語ではありません。明治の末期まで「台風」という言葉はなかった。それまでは「野分」。台風は、ギリシャ神話でゼウスと嵐のなかで闘った悪神チューポンのこと。やがて「嵐」のことをチューポンと。さらにチューポンがトゥファン、タイフーンとなった。そしてタイフーンが中国に伝わり漢字に直して「台風」。

ズベ公
最近聞かない。不良少女のことだ。ではズベとは。これはスペイン語のスベタ。トランプのブタ札のこと。スベタが出ればドボンだ。昔、女房を怒鳴るセリフは「このスベタ、おたふく、ブタのケツ」。また安物の女郎を「スベタ」と。スベタに公がついて「ズベ公」。もちろんズベ公は女性名詞。

テンプラ学生って、
学歴詐称で
あげられるから?

あうんの呼吸の
「あうん」って何?

あげくの果てにって、
どこの果て?

美人局をなぜ
ツツモタセと読むの?

三下野郎や
サンピン野郎と
怒鳴られるワケは?

岡ぼれの岡とは
HILLのこと?

テンプラ学生

外国人観光客に人気のある日本食は「寿司にテンプラ」。でもテンプラは外国語。ポルトガル語のテンポーラ。魚介類の揚げ物のこと。さて安物のテンプラはコロモばかり多くて中身少々。つまりうわべだけ立派。金時計だと自慢。しかしメッキが剝げた。よくある話。東大の制服を拝借、悪さをするニセ学生。これテンプラ学生。中身がない。

あうんの呼吸

たがいの心が通じ合う、息が合うこと。寺院の山門に対で立つ仁王像。一方は「阿(あ)像」一方は「吽(うん)像」という。阿像は大きく口を開き、吽像は閉じている。開声と合声というのだが、簡単にいえば五十音の「あ」から「ん」。つまり最初から最後まで。終始わかりあう関係のことだ。

あげくの果てに

よくない結果のこと。挙句と書く。室町期に始まる連歌の話。連歌とは、最初の五七五句に関連する句を繋げていく遊び。最初の句が、発句、次が脇、以下、三句四句と。そして最後が挙句。これですべて収まる。だがそこに「果て」がつくと。つまり収まらなかった。そう失敗、やり直し。悲惨!

美人局

「ビジンキョク」と読むと笑われる。しかし、それが正しい。美人局とは、中国宋元時代に流行った犯罪。自分の妹、愛人に色仕掛けで金持ちのボンボンをたらしこませ、金品を強奪すること。これをマネたのが江戸のヤクザ屋さん。美人局は隠語で「筒モタセ」。筒とは男根か。よくある話。なお、美人とは現中国語でアメリカ人のことだが。

三下野郎　サンピン野郎

三の下は二、一。つまり最低ライン。オイチョカブの話。九が最高だから、役立たずのこと。江戸っ子のタンカ、武士にたてつく「このサンピン野郎」。サンピンとは三一。年俸三両一人扶持。最下級侍のこと。サンピン侍より下が三下。サンピンでも三下でも職があるからマシ? 悲惨。

岡ぼれ

片思いのこと。忍ぶ恋、そんなカッコイイ話ではない。岡には横合い、傍(かたわら)、正規ではないという意味がある。だから岡惚れはつまり片思いのこと。岡場所も正規でない場所のこと。幕府が公認した遊郭は吉原だけ。だから新宿、品川、板橋、千住などの遊郭を岡場所といった。

虎の巻。
最近はアンチョコと
いうけれど？

あれじゃ五位が**関の山**だ。
関の山って、
どこにある？

堂に入るとは、
お堂に入ること？

眉唾って
眉をなめること？

のろまは
どこからきた？

元の木阿弥って、
どんな人？

虎の巻

受験生必携の「虎の巻」、裏ワザ満載、絶対保証！「虎の巻」とは、中国兵法書『六韜(りくとう)』のなかでその極意秘伝が記された巻「虎韜巻」のこと。今流にいうと「そのエッセンスが凝縮されたモノ」と。まあアンチョコみたいなもの。アンチョコとは、「安直」がなまったものだが。

関の山

これ以上望めないこと、精一杯。関の山、どんな山？　関は地名。現三重県亀山市。東海道五十三次、「関宿」のこと。ここにある八坂神社の山車(ダシ)は、当時日本一といわれた。山はダシのこと。これ以上望めないものが「関の山」。ところがそれが否定的に「限界」の意味に。ひどいものに。

堂に入る

なかなか堂に入った演技。やるなぁーの意味。でも堂は寺のお堂？　堂とは表玄関のこと。孔子さんの言葉に「堂に升(のぼ)り、室に入る」と。堂に入るとは、学問、修行、研鑽を極めること。そこで初めて「室」つまり真理が得られるということなのだ。堂とはまだ入口、これからのこと。

眉唾

信用できないこと。豪傑俵藤太が三上山の大ムカデを退治した話が語源。藤太はムカデの吐く炎で眉を焦がしそうになったが、唾をぬりこれを凌ぎ、ムカデを退治。中国でも鬼に出くわしたら自分の眉に唾をつければ鬼は退散すると。信用しがたい話、これ眉唾。

のろま

動作が鈍い、トロイ、もたもたしていること。のろまとは、人形の名前。人形浄瑠璃の生きているような微妙な動作、そこに人情の機微を表現する。ところが幕間に突然滑稽劇が。これが野呂松勘兵衛操る「のろまつ人形」。浄瑠璃の微妙な所作に比べていかにもニブイ、それが観客の笑いを誘う。ここからトロイ、ニブイを「のろま」といった。

元の木阿弥

苦労して頑張ったが、結果は以前と変わらない、いやもっとひどくなった。木阿弥は人名。大和の武将筒井順昭が病没。僧侶の木阿弥が影武者に選ばれ、その死を隠した。だが息子順慶が長ずると、もうお払い箱、失職。「元の木阿弥だ」と寺に戻ろうとしたが、誰にも信用されなかった。

伊達男の伊達って、
伊達政宗と関係ある？

その話は
とっくに**けりがついた**の
「けり」とは？

十八番と書いて
「**おはこ**」と読む理由は？

くわばら、くわばらって、
何かの呪文？

目安がつくは、
いつからある言葉？

ぬれぎぬの
もとになった古典は？

伊達男

ハデ、粋、男の美学だ。伊達政宗率いる伊達衆。東北武士の質実剛健とは異なり、装束武具はきらびやかだった。江戸時代、伊達衆のそのイメージが定着。華美、繊細、粋なものを伊達物と呼んだ。助六、幡随院長兵衛、歌舞伎のヒーローにも伊達物が登場。伊達メガネ、伊達の薄着もそこから。

けりがついた

「そのことならもうケリがついたよ」。終わりのこと、始末をつけること。ケリがなぜ終わりの意味？けりは「助動詞」のけり。わからない？　古典の文章「～なりけり」、俳句の切字「けり」などの最後の言葉。八っあん、熊さんには古典のことなどわからない。ただ「けり」がくると終わりだなあと。

おはこ

歌舞伎十八番のこと。市川團十郎を生んだ名門市川家には得意なレパートリーが十八番ある。助六、勧進帳、鳴神、暫（しばらく）など。市川家ではこの台本が木箱に収められている。そしてこの木箱を「御箱」（おはこ）と呼んだ。やがて得意のレパートリーのことを「十八番、おはこ」というようになった。私の「おはこ」は、谷村新司の「昴」。やめてぇ！

くわばら、くわばら

くわばらは桑原、桑の畑。天神さん、学問の神様の菅原道真は学識豊か、その才能によって時の天皇に重用された。しかし、それを妬む藤原氏に無実の罪で大宰府に左遷され、その地で亡くなる。道真の霊は雷神となって都に祟る。連日の落雷、都は大混乱。しかし桑畑だけはなぜか無事。人々は「桑原」「桑原」と桑畑を探しまわったとか。

目安がつく

「不況、人員整理、雇用不安……なんとか年内に目安が立てられないものか」。目安は方向性、打開策のこと。教科書を広げよう。徳川吉宗の享保の改革。吉宗は政策に民意を反映させようと、大岡忠相に「訴状箱」を設置させる。これを「目安箱」といった。目安はここからきた言葉だ。

ぬれぎぬ

無実の罪。ワイシャツに口紅。「満員電車でつけられた。違う、ぬれぎぬだ」。濡衣と書く。継母が義理の娘を追い出そうと漁夫の濡衣を証拠に、密夫がいるとつげ口したと（『和泉式部集』）。痛くもない腹をさぐられる。疑いをかけられること。「～のせいにする」という意味もある。

一目置いてますといいうが、二目はあるの？

ステバチになるって、鉢を捨てること？

ウワマイをはねるのウワマイって？

あまりの美人についい**食指が動いて**の食指って何指？

羽生七冠、**弱冠**二十五歳すごい若者の登場です？

あこぎなヤツとはどこからきた言葉？

一目置いてます

相手の才能、能力に敬意を表わす言葉。一目は、眼ではない。囲碁のこと。囲碁で一目は大変な差らしい。だから私は弱いので、一目置かせていただきます。ハンデをもらいますと。つまり相手の強さを評価すること。ここから囲碁だけでなく、才能、能力を期待しているとの意味にも。

ステバチになる

どうにでもなれ。ヤケじゃ。捨鉢と書く。文字どおり鉢を捨てる。「鉢」は托鉢（たくはつ）の鉢。禅宗の僧は托鉢といって、各家の軒下で報謝（お布施）を願い歩く。これは修行の一環。これが厳しい。風雨、酷暑、極寒に耐えなければならない。やめた！鉢を投げ出す。これぞステバチ。

ウワマイをはねる

強盗が大金をせしめて時効。そこへ警察ではなく税務署が。所得税＋脱税その他もろもろ。奪った金より多く取られたとか（外国の話）。これぞ強盗のウワマイをはねる。ウワマイ、上米と書く。上米とは江戸時代、諸国の年貢に対して通行税と称し、寺社が取りあげたもの。それが転じてピンハネすることを「ウワマイ」をはねると。巨悪だ。

食指が動いて

ズバリ人差し指。欲望に反応すること。生唾が出る。中国の王様の話（『左伝』）。料理人がスッポン料理を。すると王様の人差し指がひとりでに動いた。以降、人差し指が動くと必ず御馳走が出たと。つまり前兆のこと、転じて物事（欲望）を求めること。

弱冠

二十年以上前の新聞の見出し。羽生善治さんが凄いのは当然。問題は弱冠二十五歳だ。これ誉め言葉？中国の年齢を表わす言葉として、幼（十歳）、弱（二十歳）、壮（三十歳）、強（四十歳）、艾（がい＝五十歳）という。弱冠とは二十歳のときに冠をかぶること。当時二十五歳の羽生さんには失礼。

あこぎなヤツ

なんとあこぎな！ 阿漕と書く。これは地名。伊勢湾の阿漕ヶ浦（現伊勢市）。昔から伊勢神宮の所領で禁漁区。ここに漁師の男が母の病に効く魚を取るため、繰り返し忍びこみ、ついに発覚、死刑となる。この話、謡曲『阿漕』「伊勢の海阿漕な浦に引く網も度重なれば顕れにけり」と謡われた。つまり悪事も度重なればバレると。もとは悲話だが、悪いこと、悪辣な、えげつないの意味に。

チャンポンの
チャンとは？ ポンとは？

圧巻とは悪いヤツ？
それは悪漢！

せっかく、がつくと
あまりよいことではない？

ゲンが悪いの
ゲンって、いったい何？

ガッテンだは、
時代劇からきた言葉？

ないしょで教える
ないしょの語源

チャンポン

ごっちゃ混ぜ。ビールに日本酒をチャンポンで。魚介、肉、野菜を煮合わせた「長崎チャンポン」もあるからオランダ語か中国語?　正解は中国語のチャンホー。「攙和」(混同する)から。またお囃子の鉦(かね)と鼓、これがチャン、ポンとかけあう。

圧巻

凄いこと。いわゆる「チョー」だ。巻を圧すること。巻とは。巻物というより解答用紙。史上最高難度の試験が中国科挙試験。その最終選考の解答用紙で最高のできばえのものを一番上に置き、皇帝に提出する。つまり巻を圧するもの、圧巻だ。以来、あらゆる分野で最も秀でていることに使う。

せっかく

折角と書く。骨折りのこと。後漢の時代にある男が雨に。頭巾が濡れて、角が折れた。それを見た人がかっこいいと、ワザと角を折った。つまり「わざと」の意に。また高慢チキな人の鼻を折ることにも。五鹿という高慢な学者が論破された。鹿(五鹿)の角が折れたと、皆が喝采。やがて鹿の角を折るのは大変だろうからと、否定的に、骨折り、せっかく〜したのにという意味に。

ゲンが悪い

ゲンなおしに一杯。ゲンは縁起を担ぐこと。ゲンは験で、仏教の加持祈禱の効き目(効験)のこと。ゲンは効能のことだが、効能といっても吉凶占い、神頼み。のちに縁起担ぎに。良ければゲンがよい、悪ければゲンなおし。いずれも飲める。

ガッテンだ

「ガッテンだ」は銭形平次の子分、八五郎のセリフ。ガッテンは「合点」。「何と無き人の詠のやうにもてなし、定家朝臣のもとへ、点を乞ひにやりたければ、合点して褒美の歌詞など書きつけ侍る〜」(『古今著問集』)。「点を乞う」とは批判してください。そこで藤原定家が「合点」して、つまりよかったので褒美の歌を与えたと。チェックしてもらい、◎をもらうこと。合点は合格点のことだ。

ないしょ

「ナイショ、ナイショ。ナイショのはなしはアノネノネ」。秘密の話。内緒と書く。しかし昔は「内証」と。仏教用語(特に密教系の)。他に説き示すことができない秘密の法のことを「内証法門」という。でも隠しごとなんて誰にでもある。第一、内証法門では難しそうだ。そこで「内緒」と。

ゴタゴタしているの
ゴタゴタの語源は？

派手とは
元来は音楽用語だった！

暖簾（のれん）に腕押しの
暖簾って？

ツキナミの語源は
ツキナミではない？

台所の入口を
お勝手口というのは
なぜ？

踊るアホウに
見るアホウの
アホウとは？

ゴタゴタしている

もめごと。収集がつかない。ゴッタ煮からきた？　実は、これは人名。鎌倉時代に来日した禅宗の僧、兀庵（ごったん）。禅宗はもともと問答や説教が多い。とくに兀庵は理屈ぽくって、ワケがわからない。兀庵さん、またブッブツいってます。これが「ごったん、ごったん」やがて「ごたごた」に。

派手

この服、派手かなぁ。それ以前の問題だ。派手とは三味線音楽のこと。江戸初期、石村検校（けんぎょう）作曲の「三味線組歌」が三味線音楽のスタンダード（七曲）に。のちの元禄期に柳川検校という奇才が十四曲の新作を。元禄期の気風どおり華やかで躍動的な曲。そこで本来の七曲を「本手」、その様式を破った十四曲の「破手」から「派手」に。

暖簾

暖かい簾（すだれ）と書く。スダレって涼を求めるものでは？　暖簾は中を覗けないように「入口」に下げる。実は暖簾は中国からきた言葉。中国では寒気が厳しい。そこで防寒のため、「入口」に厚手のカーテンを。これが暖簾。中国語でノアンリェン。日本に来てノンレン、ノレンと。

ツキナミ

ツキナミな挨拶。意味はありきたりのこと。変わり映えしない。歌人正岡子規は明治の俳句改新運動を提唱、旧来の俳句を「月並俳句」と批判した。芭蕉以来の伝統と形式を重んじた旧来派に、陳腐で無味乾燥だと。月並という言葉は古くからあったが、子規によって流行語となった。ツキナミな解説ですが。

お勝手口

三河屋さん、お勝手口へ。勝手口は台所、裏口のこと。勝手とは弓道の言葉。弓は左手で籐（胴）を支え、右手で弦を引く。左手を「押手」、右手を「勝手」という。勝手は自由がきく。女性の自由がきく台所が勝手口に。また台所と。幕府でも政務を司る所を公事方、経済は勝手方と呼んだ。

踊るアホウに見るアホウ

関西ではアホ。きつくドアホ。優しくアホくさ。アホは「阿房宮」から。秦の始皇帝が金と権力にまかせて造ったのが「阿房宮」。五十万人を動員。世界一の大宮殿。そのため秦は一代で滅んだ。「アホなもん造ったから滅んだんや、アホかいな」。全国にダム、阿房宮になってしまう？

おおわらを漢字で書くと？

あきんどと**商人**の語源に秘められた古代の史実とは？

日焼け防止に帽子を**アミダにかぶる**、は正しい？

チンプンカンプン、やっぱりわからない!?

左遷があるのに右遷はなぜない？

どさくさに紛れてのどさくさって？

おおわらわ

引っ越しに「おおわらわです」。大変なこと。漢字で書くと「大童」。平安鎌倉時代、子供たちの髪は伸ばし放し。これを被髪といい、「ワラワ」といった。子供のことを「わらわ、わらべ」というのも。さて、戦闘で激しくなると兜が脱げ、ザンバラ髪に。それが子供の髪のようで「オオワラワ」と。髪を乱し、働くこと。「おおわらわ」です。

あきんど　商人

中国歴代の王朝は殷、周、秦、漢……と続く。このうち殷の首都が大商邑。そこで商と呼んだ。殷は周に滅ぼされ、全国に散った商売上手な大商邑の人々が商人と呼ばれる。さて農作物の収穫は秋に多く、秋には市がたつ。その市の人々を「秋の人」あきんどと呼んだ。もちろん商の人が多かった。だから、あきんど＝商人。

アミダにかぶる

アミダは阿弥陀さま。阿弥陀さまには後背（後光）が。アミダにかぶるとは、帽子をその後背のように仰向けにかぶること。なお顔を隠すなら「目深」に。ついでにアミダくじ。阿弥陀信仰の理念は他力本願。「他力」で楽しめるのがアミダくじ？

チンプンカンプン

漢字で「珍紛漢紛」当て字です。江戸時代、唐人（中国人）との関係はもちろんあった。しかし、喋っている言葉はわからない（筆談が多い）。これを中国語にいう「听不董、看不董」チンプトン、カンプトン（聞いてもわからない、見てもわからない）と揶揄（やゆ）。そこからチンプン、カンプンに。

左遷

左に遷す。飛ばされること、降格。中国では「右を尊び、左を卑しむ」から。しかし左僕射、右僕射、左丞相、右丞相と左は上位。日本でも左大臣は右大臣より上位だ。詳しくいうと「吉事は左を尊び、凶事は右を尊ぶ」。つまり左遷されるときは凶事。不況、リストラの時代だから左遷なのだ。

どさくさに紛れて

混乱に乗じて。ドサは「佐渡」の倒語。ドサまわり（地方まわり。佐渡のような遠くまで、と皮肉を込めて）も。佐渡に金山が発見され、無宿者、犯罪者、博徒らが強制的に狩り出された。それを「ドサを食った」つまり「ドサクサ」と。だから「ドサクサに紛れて」逃亡する者も。戦後のドサクサに紛れて金儲け。悪事を働く意味ですけど。

オリガミつきって
鶴の折り紙がついてるの?

土壇場って、
どんな場所?

下馬評とは
絶対に競馬の話?

すばるって、
いったい何語?

誰の**さしがね**だ?
さしがねの
意外な語源とは?

油を搾られるって、
どこで?

オリガミつき

「この商品、厚労省推奨のオリガミつき」ですよ。いわば保証書つき。江戸時代、幕府の命令、触書、目録などの、公文書は横に半折りにされていた。これを「折紙」といった。そこから、いわゆる種々鑑定書も折紙で出された。「折紙太刀」とか「折紙茶器」「折紙武具」とか。つまりオリガミつき。

土壇場

絶体絶命のピンチ。ドタキャンは土壇場キャンセルのこと。土壇場とは死刑場の、処刑者（胴切りの刑）を横たえるための盛り土の場所。手足は縛られ、ただ横たわるだけ。「まな板の鯉」状態のこと。土壇場で逆転ホームランはよく使われるが、土壇場で処刑を免れた例はほとんどない。

下馬評

江戸城に入るには桜田門、大手門、和田倉門などを通る。その門前に「下馬札」という高札。そこで馬、駕籠（かご）から降り、歩く（大名、旗本関係なく）。お供の者はそこで主を待つ（下馬先広場という）。彼らはヒマだから長く談笑する。お国自慢、世間話。さらに人物評。これが「下馬評」。競馬ではない。あくまで人物評価なのだが。

すばる

谷村新司の「昴」、カラオケの定番。星であることはわかる。スバル星？ 外国語？ 違います。スバルは統（すべ）ること。まとめること。まとまった星のことだ。正式にはプレアデス星団。漢字の「昴」も昴宿（あつまり）。古く六つの星と思われた。「六星、和名・須八流」（『倭名抄』）。

さしがね

善人面をして裏で操る黒幕。「誰のさしがねだ」「実は……」。これはもともと演劇用語。舞台で蝶やトンボ、鳥などを飛ばすとき、それらに針金をつけて舞台下で操る。この針金状のものを「さしがね」という。もともと黒幕というのは芝居の黒子。さしがねで操るのもその黒子だ。

油を搾られる

鬼平こと長谷川平蔵。この男、悪人を捕らえるだけではない。軽微な罪人、無宿者を更生させようと石川島に人足寄場を開設。しかしその労役は厳しい。特にきついのが菜種、ゴマ、大豆、椿などの油搾り。この作業は想像を絶した。「油を搾られた（搾らされた）」ここから、責められる、非難されることに。毎日遅刻で部長にコゴトだ。

なぜ歌舞伎の女形を
おやまといったのか？

三拍子そろうとは、
いわゆる三高のこと？

巨人もとうとう
阪神の**二の舞**に
なってしまった!?

当て馬って、
どんな馬？

油虫がなぜ
ゴキブリになったの？

虫の好かないヤツの
虫って、どんな虫？

おやま
女形。もともと江戸初期の操り人形歌舞伎の話。ここで女人形はまるで生きているようで、大評判。これを操ったのが小山次郎三郎という人。やがて江戸歌舞伎が全盛に。女形も登場。そして見事な女形を演じたのを賞賛し「小山次郎三郎の人形のようだ」と。そしていつしか女形を「おやま」と。

三拍子そろう
「飲む打つ買う」の三拍子。自慢できる話ではない。よい言葉では「走攻守」、「学歴、収入、身長（三高）」。これは拍子とあるように音楽の話。能の音出しは小鼓、大鼓、太鼓（あるいは笛）の三つが揃わないと決まらない。三拍子揃えるとはこのこと。競馬麻雀パチンコ三拍子揃った。違います。

二の舞
懸念したことが現実になった。失敗を繰り返す。これは舞楽の話。演目に対してテーマを示す「左舞」、それに答える「右舞」（それらを番舞という）。最後の舞が「安摩（あま）」。この安摩の後に滑稽な舞が出てくる。これを「二の舞」という。これは「安摩」を真似るが、うまくできないのがウリ。ここから真似をして失敗することを「二の舞を踏む」。

当て馬
「どうせ当て馬、本命は小沢君だ」。ちょっと違う。当て馬とは、牝馬に欲情させるための馬。もちろん当人も欲情するが、その寸前に名馬君が登場、見事種付け完了。当て馬君は指をくわえて……。つまり可能性のないのが当て馬。目くらまし、様子見も当て馬。なお競馬でいえば、本命に対してはあくまで「無印」。可能性はゼロに近い。

ゴキブリ
ゴキブリは二、三億年前から生き延びている。もちろん嫌われつづけて？　古名も「あくたむし」。関西では今でもゴッカブリという。つまり「御器食（かぶ）り」だ。御器とは都ことばで食器のこと。食器に群がる「油虫」をそう呼んだ。ゴキブリはこの「御器食り」からきた。

虫の好かないヤツ
「嫌なの、イヤ！　虫が好かないの」。虫は昆虫の虫ではない。虫とは精神的、あるいは生理的なものをいう。腹の虫がおさまらない。別に腹痛ではない。納得できないということ。昔から肉体的、精神的に変調をきたすことをさして、虫が災いするという。そう「虫の知らせ」のように。

おけらになるって、
虫みたいになるってこと？

ネコババするの
ネコは猫、ではババは？

牛耳られるの
語源は？

ヤジ馬って、
どんな馬？

馬鹿は
馬を鹿といったから？

鯛では
サバを読むのが
難しいワケは？

おけらになる
「オケラ街道」。知っている人は出世しない？　競馬、競輪、競艇で負けて無一文、トボトボと歩く道。オケラになる、無一文。ケラは昆虫のケラ。捕まえると、その前足を大の字のように広げてもがく。なかなかユーモラス。その姿、これぞ「オケラ」。つまり、お手上げのことだ。

ネコババする
公金、脱税、収賄、ポケットに押しこんで、そう、ちょろまかす。猫糞と書く。ネコはうんこ（ババ）すると、後ろ足で砂をかける。そしてそ知らぬ素振りをする。このネコの悪事（ネコはそうは思っていない）というか習性をネコババと。平然としたさま。知らんぷり、「ネコをかぶる」も同じ。

牛耳られる
会社は専務一族に牛耳られている。支配されること。中国の故事による。古代中国（春秋時代）、王侯諸侯から盟主（リーダー）を選ぶとき、まず盟主から、牛の耳を切り取ってその血をすすり、次々と血をなめあっていく。そこで盟主に対して忠節を確認しあうのだ。盟主が耳を切る（執る）ことから、牛耳を執る、「ぎゅうじる」と。

ヤジ馬
どこにでもいる生き物。好奇心が強く、群がることが好き。しかし責任感はゼロ。ヤジ馬は「親父馬」からきている。馬は子供をかわいがる。いつも子供の後をついてまわるらしい。それが、ゾロゾロついてまわる男どもをまるで「親父馬」だと。人間の親父馬は無責任。その発言が「ヤジ」だ。

馬鹿
権力者が、鹿を見せて、馬だという。まともな者は「いいえ鹿です」と。しかしへつらう者は「馬です」と。このへつらう者のことを「馬鹿」といった（中国の有名な故事）。だが、実は馬鹿の語源は古代インド語の「痴」を表わす「慕何（ボカ）」また「無知、愚か」の「摩訶羅（マカラ）」からきたと。

サバを読む
いい加減。正確さに欠く。サバは鯖。昔の話です。サバ、イワシ、サンマは安価な大衆魚。とくにサバは年中獲れる。よってその扱いはゾンザイに。河岸では一山なんぼ。こうなると、数も適当、鯛は一尾、サバは一山。だからサバを読んで、三十尾（実際は二十六尾でも）。今は高級魚、「関サバ」「黄金サバ」は鯛より高い。サバは読めない。

酔って**虎になる、**
なぜライオンでは
いけないのか？

かんこ鳥が鳴いている
そんな鳥はいるのか？

なぜ**ウサギは一羽**と
数えるの？

ジャジャ馬は女？

虻蜂とらずって
誰が主役なの？

出歯亀という亀は
動物園にはいない！

虎になる

酔っ払いをトラというのは日本だけ。暴れる、凶暴だから、外国では虎でもライオンで熊でも「あり」。では、なぜトラか？　屛風絵を見るとわかる。トラは必ず竹藪にいる。虎に笹（ササ）。ササは、すなわち「お酒」。酒を飲むとトラになる。タイガースが負けるとトラが増える。本当です。でも勝っても増えますよ。

かんこ鳥

流行らない店に巣くうかんこ鳥。閑古鳥と書く。いかにもわびしい。架空の鳥でしょう？　いや実は郭公（カッコウ）のこと。郭公は深山幽谷にすむ鳥、谷間をめぐって物寂しげに啼く。カッコウ鳥がやがて、カンコドリに。「うき我をさびしがらせよかんこ鳥（芭蕉）」。

ウサギは一羽

鳥は一羽、イノシシ一頭、魚は一尾。ウサギは？　鷹狩りは殿様の道楽。鷹で小鳥を捕らえる競技。だが鷹は猛禽類。野ウサギもとらえる。これは外道（キス釣り大会、鯛が釣れても数えない）。鷹狩りは小鳥が本命。ウサギは外道。でも数に入れたい。そこでウサギは鳥だと。よって一羽、二羽。

ジャジャ馬

「うちの娘、とんだジャジャ馬で」。シェークスピアの気性の荒い女性を描く『じゃじゃ馬馴らし』を翻訳したのは坪内逍遙。ジャジャ馬とは、きかん気が強い、気性の荒い馬。もちろん牝馬牡馬関係ない。ジャジャとは、悔しい、腹が立つ、あの地団駄を踏むこと。逍遙先生の翻訳でいつの間にか女性名詞の「きかん気の強い娘」となった。

虻蜂とらず

「二兎を追うものは一兎も得ず」わかりますね。虻蜂とらずも同じ。問題は、ウサギならわかるが虻や蜂、誰がとる？　養蜂業者？　答えは「蜘蛛」。クモの巣に虻がかかる。あわてて糸を巻きつけに。そこへ蜂がかかった。今度はそこに糸を。行ったり来たりしているうちに両方とも逃げられた。

出歯亀

女風呂の覗き。経験ある？　犯罪です。明治末、池田亀太郎は女風呂の覗きの常習犯。ところがそれだけでは後世に名を残すことはなかった。亀太郎は覗きのあとついムラムラと。風呂帰りの人妻を襲い、抵抗され殺害してしまった。新聞は亀太郎が出っ歯だったため「出歯亀」と報じたのだ。

シナをつくるって
どんなこと？

ウンともスンとも
いわないの
ウンって？ スンって？

おぼこから
とどのつまりまでの
過程とは？

助平って
人の名前？

左利きが、
なぜ酒飲みになったの？

土左衛門って
人の名前？

シナをつくる
シナ、女性が男性に媚（こ）びる仕草。科を作ると書く。しかし、もともとは「品」。品格、品性、気品のこと。それを「作る」、つまり擬態、演じることが「シナをつくる」。ネコをかぶること。猫なで声よろしく、甘えて体を擦り寄せてくる？ でも経験したい。なにしろ相手にされないのだ。

ウンともスンともいわない
梨のつぶて（梨は無しにかけたもの）。皆無のこと。ウンもスンも、ポルトガル語のカルタの札。ウンが一点、スンが十点。つまり一から十までのこと。ここから終始、全くということに。彼女に手紙を出してもウンともスンともいってこない。当然です。メールの時代ですよ。

おぼこからとどのつまり
死語も死語。おぼこは漢字で未通女。処女。出世魚・ボラの話。スバシリ→オボコ→イナ→ボラ→トドと成長に合わせて名が変わる。おぼこはいわば思春期。ただし、なぜか女の子。イナは「いなせな若者」と男をさすが。ついでにトドは「とどのつまり」、成長しない。これで終わりのこと。

助平
好色、好き者。そう、これ「あんたも好きねぇ」からきている。ホントです。好き兵衛→助平と。昔の女学生は密かに「和田平助さん」といった。反対から読むと「スケベイダワ」と。助平は男性名詞、これはおかしいと現在は男女共通語の「H」（へんたいのH）。

左利き
「ちょっと一杯」、左手で猪口（ちょこ）を口に運ぶ仕草は、呑み助そのものである。だから呑み助を「左利き」という。当たらずしも遠からず。実は「呑み」は「鑿（ノミ）」のこと。大工さん、石屋さんは、左手で「ノミ」右手で金槌。道具の「ノミ」と「呑み」に引っかけた。

土左衛門
昨今使われない言葉。溺死体。土左衛門は人名。江戸の力士、成瀬川土左衛門。なにしろ目を引く巨漢なのだが、筋肉もなくブヨブヨしていたらしい。溺死体も膨れあがって、ブヨブヨ。江戸の口さがない連中が、溺死体を見て、まるで「成瀬川土左衛門」だと。さほど強くなかった成瀬川土左衛門だが、後世に名を残すことになる。

つつがなくの
「つつが」とは何？

キセル見たことはないが、
やったことはある？

ヤボな話と
雅楽との
深遠な関係とは？

てこずることは多いけど、
てこって？

失敗することをなぜ
オシャカになるって
いうの？

大根役者だね、
といわれるワケは？

つつがなく

心配ない、問題ないこと。かつて聖徳太子が隋の煬帝に国書を「日出づる処の天子、書を日没する処の天子に致す、恙（つつが）なきや」と送った。恙なきや。いかがでしょうか、お元気ですかと。つつが？ これは恙虫のこと。ダニの一種。これが身体に入ると、高温発熱、死に至ることも。恙虫はいませんか、お元気ですかの挨拶。

キセル

乗車券一区間で入って、定期で出る。間の料金分をタダ乗り。これキセル。今はダメ。コンピュータで入出管理されている。さてキセルは雁首と吸い口が金属。間の金属部を「省略」して竹に。中抜きだ。別名「薩摩守」。平清盛の弟、薩摩守忠度（ただのり）。忠度とタダ乗りをかけただけ。

ヤボな話

野暮と書く。野で暮らすところから、田舎者、センスがない。これで終わり。「そんなヤボな」。さて、本来は雅楽からきている。笙（しょう）、十七本の管の楽器。このうち二本だけリードのついていない管がある。もちろん音は出ない。それが「也」と「毛」だ。役立たず。これがヤボ。

てこずる

女にてこずっています。原稿にてこずっています。実感です。梃摺ると書く。梃はテコ、テコの原理の。かのアルキメデスが、支点があればテコで地球を動かすと。つまりテコがずれる（支点が定まらない）と、どんなこともできない。逆にどうしても動かないことは「テコでも動かない」。

オシャカになる

ダメ。失敗のこと。オシャカはお釈迦様のこと。金具、金工、金細工の職人は、ハンダで接着する。だから火加減が命。強すぎるとポロリ。失敗の原因は「火が強かった」。江戸っ子だ。「ひがつよかった」でなく「しがつよかった」→「しがつようか」と。四月八日はお釈迦様の誕生日。そこで失敗すると「オシャカになってしまった」と。

大根役者

当たらない役者、下手な役者のこと。大根は重要な食べ物。江戸時代庶民の副食第一位。不衛生な時代でもまず食中毒のないのが大根。そうです、大根は「当たらない」。当たらない役者を「大根役者」。大根は白い。シロウト（白人）に毛の生えた役者です。反対語は千両役者。年収千両だと。

左前になったの
左前って?

やくざ
やはりそれには由来がある

べらぼうと**穀潰し野郎**
どちらが粋?

かわきり
リンゴの皮剝きではない!

ちょろまかす
わかったような言葉だが?

くだをまくの
「くだ」って?

左前になった

不振、おもわしくないこと。これは着物（着付け）の話。右前か左前かのこと。衽（おくみ）という半幅の布が右前か左前かしい。唯一、左前が許されるとき、それは死装束。家業が左前とは、不振で死ぬしかないということ。

やくざ

「物の悪しきをヤクザといふは、博奕（ばくち）に三枚というものをするに、八九の数を高目上々として、十とつまるは数にならず、八九三、二十につまる故、悪しきことの隠語を八九三といひはじめたる」（『嬉遊笑覧』）。オイチョカブで八九三は二十でブタ。最低のこと。ヤクザも最低のことか。もともと厄介者、役立たずをヤクザといったのを、賭博の「カブ」にかけた、というのがホントらしい。

べらぼう　穀潰し野郎

「あの店、べらぼうに高い」。とんでもない、ふざけんな。べらぼうとは箆（へら）棒のこと。かつて糊は残飯を練り溶かして作った。これに使用した竹状の棒を箆棒といった。これで残飯を潰す。つまり「穀潰し」。役立たず、ろくなモンじゃないの「ごくつぶし」野郎に。箆棒がベラボーに。

かわきり

「まずかわきりに」。最初にとか、ことの始めをいう。皮切りと書く。恐ろしい？　これはお灸のこと。最初の灸、一番灸を「皮切り」という。なにしろ最初は慣れてないから効く。皮を切られるくらい熱い。大の男も引きつった顔は見せられない。「かわきりは女に見せる顔でなし」（『柳多留』）。

ちょろまかす

「釣り銭をちょろまかす」。素早くくすねる、ごまかす。これは「素早く」がミソ。猪牙舟（ちょきぶね）は文字どおり、猪の牙のような鋭角な舳先（へさき）の高速伝馬船。チョロといった。これを負かす船はより鋭角な舳先と小型の舟。この「チョロを負かす舟」の素早い、機敏の意が「ちょろまかす」。チョロチョロ、チョコマカと動くも、類語か。

くだをまく

管を巻くと書く。クダは管。どんな管か。機織りのための緯糸（ぬきいと）を巻き取る管。この作業を「管巻き」という。昔から、この作業は一日中繰り返された。このとき、管から「ぶうぶう」と音が出る。まあ繰り返し繰り返し。酔っぱらいも繰り返し同じことを。そう「管を巻く」のだ。

醍醐味を味わった
経験ある?

板についてるって
いっても、
カマボコじゃないよ!

どうも**イビツ**な話の
イビツって?

手塩にかけるって
手に塩をかけるの?

ニべもなく
断られましたの
ニべって何?

刑事のことを
デカというのはなぜ?

醍醐味
相撲の「醍醐味」は横綱の全勝決戦。最高のものの意。醍醐味、これチーズのこと。仏教でも乳製品は珍重された。そして乳、酪、生酥（なまそ）、熟酥、醍醐、を「五味」といった。牛乳を煮込んで酪、酪より生酥を、さらに加工して熟酥、そして最後に醍醐を。これは現在のチーズ。クリームともバターとも。

板についてる
カマボコではない。合っている、似合っていること。これは芝居の言葉。「板付（いたつき）」という。芝居で幕が開くとすでに演技が始まっている。この演出を「板付」。板は舞台のこと。板付はベテランでないとできない。このベテラン役者のように慣れていて違和感のないことをいう。

イビツ
スジが通らない、ズレている、妙だ。今は「歪」と書くから、「ゆがんだ」でわかる。ただしもともとは「飯櫃（いびつ）」と書く。お櫃のこと。たいていは木製だが、江戸時代のお櫃は多く竹製。しかも楕円形。楕円形は円形に対して「正常じゃない」意味に。だからそれは妙だ、飯櫃に似てズレているという表現で使われるようになった。

手塩にかける
世話をして育てること。手に塩をかけることではない。昔の膳は不浄のものを避ける意味から、必ず塩を盛った。これを手塩という。またその皿を手塩皿といった。そして来客に膳を勧めるときはかならず「手塩皿」にとってやった。この世話をやくさまを、手塩にかけると。手塩にかけた娘は、男とトンズラ。よくある話。

ニべもなく
ニベが魚（イシモチと同類）で、昔からその浮き袋を材料に膠（ニカワ）が作られていたことがミソ。今の接着剤だ。ニベはニカワの代名詞。だから「ニベなく」となると、くっつかないこと。つまり相手にされない、愛想がないこと。白身はカマボコ、浮き袋はニカワ、かつて定番だった。

デカ
テレビでおなじみ刑事もの。でもなぜデカ？ 英語、ドイツ語の略、何かがデカイ？ 違います。明治に警察制度ができ制服も整えられたが、刑事は依然として和服。それも角袖。「カクソデ」。それを隠語で「クソデカ」、そしてデカ。イタチとも。しつこい、逃がさない、まるでイタチのようだと。

第四章

なんと！知れば知るほど深い語源

もともと**混沌（こんとん）**とは
わからずやの人の
ことだった！

正岡子規の名前
升（のぼる）と
野球の関係は？

疲れ果てるの**バテる**
もともと競馬用語だった！

見え見えのお世辞をなぜ
おべんちゃらという？

日本人はなぜピラミッドを
金字塔と訳した？

還暦のことをなぜ
華甲（かこう）と
いうのか？

混沌

世のなか混沌として、先ゆきは不透明。混乱してはっきりしないこと。もともと混沌とは天地が不分明のさま、たとえてわからずやの人間をいう。『史記』には、「黄帝の子で、義を隠し、陰で凶悪なことも平気で行なったため、人々は彼のことを混沌と呼んだ」とある。わからずやで、人の嫌がることばかりやられたら、まわりは混沌。

野球

ベースボールを野球と命名したのは、俳人正岡子規だといわれている。しかし実は明治二十六年、当時一高（東大の前身）の中馬庚（かなえ）という生徒がこれを野球と命名、以降、一高野球部の名称を用いることとなったのだ。では、なぜ正岡子規なのか。実は子規の幼名升（のぼる）から、ペンネームを「野球（のぼーる）」としたためだ。

バテる

直線、残り半ハロン（約一〇〇m）で足が止まってしまった。そうバテたのだ。バテるはもともと競馬用語。疲れ果てること。この「果てる」がバテるに。戦前から使われていたが、戦後は、疲れくたびれることの形容句として、広まった。

おべんちゃら

口先で機嫌を取ること。相手を適当に褒め称えること。それも見え見えとわかっていて。もともと「弁が立つ」ことから、やがてゴマすりの比喩（ひゆ）に。「奥様、いやお若い。どう見ても四十半ばにしか」「わたし、四十になったばかりですが」。当然、出入り禁止です。

金字塔

偉大なる業績のこと。金字塔という言葉は漢語（中国語）にはなかった。当然です。意味はピラミッドのことだから。エジプトのピラミッドを、金字塔と訳したのは日本人。大正初期のこと。「金」という字が、貴重で、形状がピラミッドに似ているからだ。石を「こつこつと積み上げたもの」、転じて、「偉大なる業績」のこととして使われるように。

華甲

華甲を還暦というのは、なかなか手の込んだ話。「華」の字を分解すると、十が六つ、一が一つ。合計六十一となる。甲は「甲乙丙丁」の甲。つまり甲子（きのえね）に始まり癸亥（みずのとい）に終わる六十年。そして次の甲子で、六十一。暦が六十年で一回りして還るのが「還暦」。

神前で手を打つ**柏手（かしわで）**
拍手とよく
似ているのだが？

金縛りとはもともと
仏教用語だった！

暦のことをなぜ
「こよみ」というのか？

釘を刺すの釘って
大工の使う釘のこと？

とんだ**食わせモノ**
何を食わせた？

ジャマ、あっちへ行け！
のジャマって？

柏手
神様の前で拝むこと。手のひらで拍手。同じじゃないか。そう同じなのです。答えは簡単です。字が似ているから「混同」したのです。ただ現在では、神社などでは「柏手」、講演やコンサートでは「拍手」として使う。なお柏手とは、宮中の食膳を司る「膳部（かしわべ）」が、神前で手を打ったことから出た言葉だと。

金縛り
身動きがとれないこと。もちろんローン地獄で借金に縛られているのもそうだが、本来は、文字どおり金属の鎖で縛られること。これ「金縛（きんばく）」という。もともと仏教用語。悪霊を調伏（ちょうぶく）するための手法。金縛りの術。でも悪霊が金縛りにあってもよいが、なんで私が……。もちろん競馬、パチンコのツケに決まっている。

暦
「こよみ」というのはもともと「日＝か」＋「読み」のこと。日を「か」と読むのは、「二日」「三日」「四日」をふつ「か」、みっ「か」、よっ「か」というのと同じ。つまり「かよみ」は日を追って数えること、暦のことなのだ。

釘を刺す
念には念を入れること。厳しくチェックする。厳重に注意する。日本の建築は基本的に釘を使わない。切り込み、組木で行なう。古く法隆寺も東大寺も、近世の江戸時代でもそう。だが、どうしてもズレが起こる。そこで、釘を使うことがある。つまり念のために「釘を刺す」。「一応ヤツには釘を刺しておいたよ。ギャンブルで欠勤は即クビだと」「でもヌカに釘かもよ」。

食わせモノ
従順を装って、実は策略をめぐらせること、人。食わせるは、物を食べさせるわけだから、悪い意味ではない。ところが、タダで食わせてくれるはずがないと考えれば、意味は違う。中世の時代か、「食わせる」から「食らわせる」に変化したのだ。つまり欺くこととなった。「彼女食っちゃった。これがとんだ食わせモノで」「はい今の女房です」。

ジャマ
邪魔と書くとわかる。文字どおり、邪（よこしま）な悪魔。これは仏道修行を妨げる悪魔のこと。もともと学問修行の妨げをいったが、やがて厄介者のことを「ジャマ」と。

稽古の稽とは？

古とは？

驚くことをなぜ**たまげる**という？

経済の経とは？

済とは？

結局～したの

結局の語源とは？

剣が峰に立つの

剣が峰とは？

水商売の店での名をなぜ**源氏名**というのか？

稽古

柔道に剣道、お茶にお花。修行が必要です。辛いです。しかし、もともと稽古の稽は「偲（しの）ぶ、考える」こと。もちろん昔を偲ぶといっても子供の頃のことではない。古典。つまり学問のこと。稽古とは学問の修行のこと。ところが、いつの間にか剣道、柔道などの武術の修行にも使われるようになった。まあ、どちらも辛い。

たまげる

驚くこと。肝をつぶす。信じられないこと。魂消ると書く。つまり魂が消えることなのだ。魂は不滅のものだから、これが消えることはない。このありえないことが「たまげる」。「何がたまげたって、阪神が日本一になった」「確かに」。

経済

生産、消費、金融など社会生活を総称すること。エコノミーというが。もともと「経世済民」のことだが、略したのは日本人。「経」は治める、「済」は救うこと。つまり国民生活全体を考える「政治およびその理念」。江戸時代、太宰春台の『経済録』が最初の書名として知られる。やがて明治になって、外国のエコノミーを「経済」と訳した。

結局〜した

つまるところ。結果。「結局、彼女にふられた」は、本来は誤り。「結局、阪神は負けた」が正しい。つまり結局は勝負のことをいう。「局」とは囲碁、将棋の勝負つまり「対局」の結果をいう。結局は名詞だが、現在は副詞にも。つまり動作の結果として使う。「結局何が言いたい？」「どうしてふられたかって」「知るか！」。

剣が峰

相撲でもよく使われる。絶体絶命の状態。追い詰められること。もともと峰とあるように「山の形状」のこと。富士山や噴火口のある山の火口付近。いつ崩れるかわからない状態をいう。そこから「今にも落ちそう」なことを、剣が峰に立つと。「リストラされて、明日は青テントです」。

源氏名

水商売の女の子の店での名前。もちろん本名ではない。もともと大奥の奥女中の呼び名。それがやがて遊里の女の名前にも。これ、『源氏物語』の章（帖）に登場する女性の名前をつけたモノ。桐壺、夕顔、若菜、帚木（ははきぎ）、浮舟など。「わたしヒトミよ、本名は岩男。よろしく」「なんだ、オカマか」。

留守にするって
家に誰もいないことでは
なかった！

かなづちのことをなぜ
げんのうというのか？

すごい**剣幕**の剣幕って
剣と幕のこと？

弘法も筆の誤り
どんな誤りをしたの？

男と女の**心中**はなぜ
相対死と書き換えられた？

絶倫の絶とは？
倫とは？

留守にする

「買い物で家を留守にします」。当然、不在のことだと思う。たしかに不在のことを留守というが、ただし、子供がいても、お手伝いさんがいても、ついでに奥さんがいても本来は「留守」なのだ。留守とは、正しくは「主人が不在のとき、家を守ること」をいい、留守居からきている。つまり、「主人（城主、王、上司）」が不在のとき、そこを守ること。人はいるけど、留守？　ややこしい。

げんのう

玄翁と書く。これ、人の名前。室町期の禅僧・玄翁。美少女「玉藻前（たまものまえ）」は実は妖力をもつ九尾の狐。やがて正体がばれて、退治され石（殺生石）に。しかしその恨みは、近づく人々を毒気にあてて殺す。そこで玄翁禅師が巨大な槌（つち）でこの石をたたき割る。この槌を禅師の名から「玄翁」と。

剣幕

いきり立った状態。まさに怒髪天をつくこと。剣の幕？　恐ろしいが違います。もとは「見脈」。脈を診るとその人の精神状況がわかる。怒りで脈打っている。つまり見脈すると、すごい剣幕であることがわかるのだ。

弘法も筆の誤り

まさかのこと。本当に弘法（空海）さんは誤ったのか。実は空海は嵯峨天皇の命令で「応天門」の額を書いたのだが、なんと「応」の字の心に点を書き忘れてしまった。日本の三筆（空海、嵯峨天皇、橘逸勢）といわれた空海さんの大チョンボ。

心中

恋人同士の覚悟の死。もともとは心の中、つまり想いの意味。だが苦界にある遊女には、その意を表わす最後の手段が「死」しかなかった。心中が問題になったのは、近松門左衛門の人形浄瑠璃の「心中モノ」。それは遊里だけではなく一般庶民をも題材にしたからだ。幕府は厳罰で臨んだ。それは心中が「忠」それも「返り忠」と揶揄（やゆ）したからだと。心中の言葉は「相対死」と書き換えられた。

絶倫

一日五回。何の話？　食事ではないようだが！本来、絶倫の「絶」は特に秀でている。「倫」は人、人々のこと。つまり「非常に優れた人」の意味だ。もっともノーベル賞受賞者に「絶倫男」とは書かない。それは「精力」という言葉が付加され、喧伝されたことによる。

ダークホース
ダークに秘められた意味は？

張本人は「張本」人では「張本」とは？

つまはじき
語源は仏教の風習にあり！

泥酔の泥とはドロのこと？

奈落におちるどこにおちるのか？

両手を挙げての**万歳**のほんとうの意味って？

ダークホース

ダークホース。競馬の話です。「無印」です。しかしひょっとしたら「大化け」するかもしれない。なにしろまだ三戦目ですから。そのダーク（dark）はもともと暗い意味だが、他に「未知なる、秘密の」という意味もある。この未知数のことが、ダークホース。かならずしも競馬だけでなく、有望新人として、スポーツ界や政界でも使われる。

張本人

首謀者。もちろん張さんのことではありません。正しくは「張本」人と書く。「張本」、張は弓の弦を張ること。つまり行なう、設けること。「張本」は元を作る、伏線を張る。もとは悪い意味ではなかったが、事件の原因の元となる人から、首謀者とか悪事の因を作った人といわれるように。

つまはじき

「爪弾き」と書く。のけものにすること。非難すること、されること。爪弾きとあるように、曲げた指の爪で、親指の腹を弾くこと。これは仏教の風習で、警告とか非難、許可、タブーなどの所作を示す。だいたいが「ダメ出し」に多いため、そうされることを「爪弾き」といわれるようになった。

泥酔

酔っぱらって泥のように、ドロドロになる。そのとおりなのだが。では「泥」はドロか？　実は泥は南海に棲む「骨のない虫」のこと。この泥、水がないと「酔っぱらってドロのようになる」んだと。だから酔っぱらうことを「泥水」のようにという。どんな虫か。酔っぱらいのように正体不明です。

奈落

奈落とはどん底。これ以上落ちようがない。阪神の話ではない。もともと梵語の naraka の漢訳、奈落迦のことで、「地獄に堕ちる」の意味。転じて、没落のこと。なお舞台などの床下を「奈落」というのは、真っ暗で、地の底のように思えたから。人生の奈落、奈落に落ちた政権、あまり使いたくない言葉。

万歳

万歳。祝い事のとき、両手を挙げる所作。万歳は万年の年のこと。永く無事であることの意味だから、長寿、繁栄、祝賀に使われる。もともと皇帝のみに許される言葉。祭典では必ず皇帝のために「萬歳、萬歳、萬萬歳」と書かれた。なおわが国では明治以降、一般的に使われるようになった。

ひいきは贔屓と書くが
贔とは？ 屓とは？

豹変するの
豹変（ひょうへん）の
本来の意味は？

間尺に合わないの
間とは？ 尺とは？

おまけすることをなぜ
勉強というのか？

沢山と書いてなぜ
「たくさん」と読むのか？

二号さんのことをなぜ
めかけといい、
妾と書くのか？

ひいき

「贔」は重い荷物を担ぐ。「屓」は鼻息が荒い。つまり贔屓はある人のために、労を惜しまない、援助すること。目をかけること。ついでに石碑の台座として亀がいるが、これを贔屓と呼ぶ。怪力の亀が労を惜しまずがんばっている様をいった。援助することでしょう？　それってエンコー（援助交際）。違うと思うよ！

豹変する

豹変、豹の毛（斑毛）のようにはっきりと、それまでの言動を突然変えること。あまりよい意味では使われない。しかし、もともとは「改める」の意味。「君子は豹変す、小人は面を革める」（『易経』）と。つまり君子は過ちがあればすぐに改めるが、小人は表面上を取り繕うだけだと。「彼女が急に豹変して、振られました」「彼女は君子だね」。

間尺に合わない

精一杯努力をしたのに、得られた結果がそれ以下のこと。損得勘定では計算が合わないこと。間尺の間は一間（けん）、尺は一尺、つまり長さの寸法。建材や家具の寸法。これが合わないことは、結果もよくないのだ。尺貫法がなくなった今は死語？

勉強

もともと勉強は「勉め強いる」こと。つまり強制されて行なうこと。気のすすまないこと、無理をすること。かつて商人が勉強するとは、無理をしてでも値段を下げて売ろうと「努力」することだった。やがてその努力が、勉学が美徳となると、あの受験勉強のような言葉ができた。

沢山

たくさん。多いこと。充分なこと。限界ぎりぎり。どうして沢山と書くのか。もとは湿地や谷川の意味をもち、潤沢を表わす「沢」に山盛りの「山」を加えた言葉。これを音読みして「たくさん」となったようだ。

めかけ

妾と書く。正妻の他に囲う女性。愛人とも二号とも。目をかけるからメカケという。中国では「妾」は貴人に奉仕する入れ墨をされた女のこと。つまり貴人の持ち物だった。そこから「持ち物」の意で、わが国でも妾の字を使った。もっとも女性がへりくだって妾（わらわ）ということもある。福田英子著の『妾の半生涯』を「めかけの」と読んだ人がいるが、「わらわの」と読まないと恥をかく。

「暮れなずむ街」の
暮れなずむって？

自ら買って出る
何を買ったのか？

もうろくは耄碌と書くが
耄とは？ 碌とは？

色っぽい眼差しをなぜ
秋波を送るという？

食べ**放題**の放題とは？

耳をそろえて返済の
耳って何のこと？

暮れなずむ
「暮れなずむ街の……」という歌詞で『贈る言葉』がヒットしたが、「暮れていく街」と誤解した人は多い。実は「なずむ」は「泥む」と書き、はかばかしく進まないさま、思いどおりにいかないことを指す。つまり、「暮れそうでなお暮れない」のだ。だから、季節は春でなければならない。卒業式(春)をテーマとしている曲としては秀作だ。

自ら買って出る
指示されたり、順番でなく、自分の意志で参加すること。問題は何を買って出るのかだ。これ、バクチの話。花札は三人でやる。四人め以下は順番を待つことになる。しかし、どうしても加わりたい場合、順序を飛び越えて、参加。そこで代価を払う(役札を買うという)。そこから、みずから名乗りを上げることをいうようになった。

もうろく
耄碌と書く。歳をとってボケること。おいぼれること。耄碌の「耄」は老人、おいぼれのこと。「碌」は役に立たないこと。つまり歳を取って役に立たないのが耄碌。老人を蔑んだ言葉だが、若者でも役立たずは多い。これを「碌でなし」という。

秋波を送る
女性がモーションをかけること。色っぽい眼差しで見る。色眼を使う。秋波とは秋の澄みきった水波。これが女性の涼しげな目元を表わしているように思えたから。ただし「女性の」ということにはかぎらない。味方に加わるよう勧誘することにも使われる。

放題
自由に、ということ。制限なし。もともと「傍題」と書く。これは和歌、俳諧などで、主題と外れたものを詠むことをいう。いわば的外れのこと。やがて傍題が放題に転化。そして自由勝手の意味に。「出入り禁止になったって? どこで?」「寿司食べ放題の店」「勝手にしたら」。

耳をそろえて
別に耳を揃えてひそひそ話ではない。借金などの返済で「端数まですべて」を完済すること。パンのミミ、というように耳は端(はし)のこと。お金でいえば十円、一円までの意味。それを揃えるということから「すべて」という意味に。二億円の人には五十万、百万が耳。私には五十円、百円が耳。大して変わらんでしょう?

立錐の余地もない
どんな状態をいうのか?

しどろもどろの
「しどろ」とは?
「もどろ」とは?

買いかぶるの
もともとの意味は?

ヤッホーの**やまびこ**
山彦と書くから男なの?

一人前の大人の「一人前」
料理と関係があるのか?

学ランの学は学生服、
ではランというのは?

立錐の余地もない

密集。超満員のこと。満員電車、キャンディーズのコンサート（古い！）。錐はキリ。キリを立てるくらいの余裕もないほど混み合っている、詰まっていることだ。ただし、もともとは人ではなく「土地」のこと。つまり、そんな狭い土地ですら、支配してしまったという中国戦国時代の秦の国の勢いを表現した言葉なのだ。

しどろもどろ

酔っぱらって、何をいっても「しどろもどろ」。正体不明のこと。口調が定かでないこと。これは「しどろ」が、しどけない。「もどろ」が、もどろぐ、つまり乱れるのこと。重ねてその状態を強調しているのだ。「いっていることが、しどろもどろなの」「酔っぱらって？」「いや、浮気を追及すると」。

買いかぶる

過大評価。実力以上に買われること。もともと商人の言葉。「かぶる」は「被る」と書くから、悪い意味、損をすることなのだ。物資、商品を実体以上に高い値段で買ってしまって、損をしたのが「買いかぶる」。「君の研究熱心はたいしたものだ」「買いかぶらないで」「ただ競馬でなく仕事ならなぁ」。

やまびこ

ヤッホーのやまびこ。これが音の反響だと知られるようになったのは現代の話。もちろん「やまびこ」は古代からある。そこで山の向こうで、山の神（精）が答えたと。つまり「男」の精。なぜなら「山彦」と書くからだ。彦は成人男子の呼称。女の子が「ヤッホー」。でも返ってくるのは「男の声？」。そんなことはないと思うが。ちなみに「木の精」と思われるのが「木霊（こだま）」だ。

一人前

一人前、大人として独り立ちすること、また認められること。では、料理の一人前と関係があるのか。これ、料理から出た言葉。会席などで、お客さんに出す料理の分量のこと。つまり、一人前の料理が出されることは、「大人」として公に認められたということなのだ。

学ラン

学生服の俗称。昭和五十年代から「学ラン」と呼ばれるようになった。学は学生服。ランはテキ屋や盗品仲間の隠語で、「ランダ」で洋服のことだが、もともとはオランダ、のランから。

鳴かず飛ばずって
いうけど、どんな意味？

狼藉者の
狼藉（ろうぜき）って何？

総スカンって
スカンクと関係あるの？

陳腐の陳とは？
腐とは？

徒競走はいつも**ビリ**
このビリの語源は？

四六時中、
二六時中とどこが違う？

鳴かず飛ばず

何をしてもうまくいかない。まったく芽が出ない。もう引退か！　まさに無能の烙印を押されたような状態？　これは誤り。本来の意味は、その期間じっと何もしていないように見えるが、飛躍する準備をしているということ。中国の『史記』に、「ひとたび鳴けば人を驚かし、ひとたび飛べば天に昇る」とある。「この数年鳴かず飛ばずだったが！」などというが、この「だったが！」がポイント。

狼藉者

理不尽なヤツ。乱暴者。狼藉とはオオカミの寝床、また寝た跡。その乱れた様子を表現した言葉。オオカミはともかく乱暴で卑しい。さらに寝床も大混乱。相手を罵る言葉として、時代劇ではよく聞かれる。「掃除は三年前に一度しました」「これではオオカミも逃げ出すよ」。

総スカン

総スカンとは、周囲の人たちに嫌われること。つまりスカンクがくると、あの臭気を嫌がって逃げ出すこと。もちろん、これは俗説。これは総「好かん」のこと。「好かん」は関西弁の、好きではないこと。みんなに嫌われるのが、総スカン。

陳腐

古くさいこと、ありきたりのこと。「腐」が腐ることはわかる。つまり古いということ。問題は「陳」。述べること、訴えることの「陳情」。並べることの「陳列」。しかし「古い」の意味もある。新陳代謝という言葉。新しい、古いの入れ替わり。陳腐とは、古い＆古いなのだ。きつい言葉だ。

ビリ

一番最後。後はいないこと。罵る言葉でもある。これは「尻」(しり)から転じたものといわれる。「ビリッ尻（けつ）」も最下位を強調したもの。尻は、軽蔑したり罵ったりする言葉。「豚のケツ」は「馬の骨」よりひどい。遊里で客や仲間を罵る言葉として生まれたとも。「成績もビリ、徒競走もビリ、出世競争ももちろんビリ」。私の人生です。

四六時中

四六時中は四×六＝二十四時間のこと。では、二六時中は？　これを半日と誤解している人がいるが、実は一日は二六時中が正しい。江戸時代、一日は十二刻だったので二六時中こそがもともとの言葉。明治以降、一日二十四時間制が導入されて、四六時中という言葉に変わった。

第五章

ほほう！語源はここにあったのか

あめんぼの名は
雨の後、現れるから？

アヤメ
命名の由来は？

うどん
もともとは
中国の菓子というが？

うどんげの花は
三千年に一度しか
咲かない？

コンペイ糖って
いったい何語？

調理用の
おたまじゃくし
意外なありがた～い語源

毎年の政府刊行物をなぜ
白書というのか？

サバの押し寿司をなぜ
バッテラと
いうのか？

はんぺんの
ネーミングは
料理人の名前から？

あめんぼ
水黽。カメムシ目アメンボ科の昆虫の総称。棒状の体は五～三〇ミリメートル。長い足の先に毛が生えていて、水上を浮かんで滑走。甘く飴のような匂いがするので、アメンボと呼ぶ。

アヤメ
菖蒲。アヤメ科多年草。「いずれがアヤメかカキツバタ」という言葉があるように、よく似たカキツバタがある他、昔はショウブのことを指したので菖蒲と書く。花片に網状の文様があるので、「文目」と名づけられた。

うどん
饂飩。小麦粉に少量の塩と水を加え、こねて作る。もともとは中国の「餛飩（こんとん）」という名の菓子。奈良時代に日本に渡ってきてから、温かくして食べる「饂飩」に。「うんとん」から「うどん」に変化。

うどんげ
優曇華。クワ科の常緑高木。花はイチジクと同様、花軸の中に咲くので外からは見えない。インド自生の植物で仏教では、三千年に一度しか花が咲かず、咲いたときに「如来」が現われるとされる。日本ではクサカゲロウの卵。

コンペイ糖
一五六九年にポルトガルからきた砂糖菓子（confeito）が語源。宣教師から織田信長に最初に献上されている。飴を芯にしてまわりに糖蜜をまぶして加熱しながら攪拌して作る。「金平糖」のほか「金米糖」「金餅糖」などの表記があった。

おたまじゃくし
形が丸くて柄のついた汁杓子を御玉杓子と書く。もともとは多賀神社でお守りとして出されていた御多賀杓子。「おたま」と略されて呼ばれることも多い。

白書
各省庁が一年ごとに発表する政府刊行物。white paper の略語。イギリス政府が白表紙の外交報告書を刊行したことから。日本では一九四七年の片山内閣から政府の公式報告書を「白書」としている。

バッテラ
関西地方で生まれたサバの押し寿司。ポルトガル語のバッテーラ（小舟）に似ていることから命名された。本来はコノシロを使っていたが、現在では主流はサバに。

はんぺん
おでんに欠かせない、はんぺん。魚のすり身に山芋と卵白を混ぜて作る練り製品。半片と書くが、駿河国の料理人・半平が作ったことからつけられた名前という説もある。「半平」がやがて「半片」になったというのだ。

みんな大好き**おでん**の意外な原型って？

いわれて納得！**おはぎ**の語源

ほおずきを吹くと命名の由来がわかる？

かたつむりの「かた」って？「つむり」って？

孫の手もとは「麻姑の手」というが？

頭につける人工頭髪をなぜ**かつら**という？

まな板の「まな」って何？

お寿司に欠かせない**ガリ**の名はどこからきた？

春を知らせる花**マンサク**の語源とは？

おでん

おでんの田は田楽（でんがく）の田。現在もある豆腐などに味噌を塗った田楽と同じルーツ。コンニャクや豆腐、はんぺん、つみれなどを煮込んだ和食の定番。関西では関東炊きともいう。

おはぎ

御萩。萩の餅の通称。煮た小豆でくるむと萩の花を散らしたように見えるため、そういわれた。また、牡丹にも似ているので牡丹（ぼた）餅ともいう。もち米とうるち米を混ぜて炊き、ついて丸め、餡、黄な粉、胡麻などをつける。

ほおずき

酸漿・鬼灯と書く。赤く丸い実に穴をあけ、種を取り除いて吹くと音が出る。このとき、頬をつきだすので「頬づき」が語源ともいわれる。海ほおずきは巻き貝の角質の卵嚢。

かたつむり

でんでん虫、まいまい、まいまいつぶろとも。もともとは「かたつぶり」で「かた」は「笠」、「つぶり」は渦巻き状のものを意味する。この渦巻き、ほとんどが右巻きとか。ちなみに、なめくじも同じマイマイ目でかたつむりの親戚。殻があるとないとで大違い。

孫の手

「孫」の手ではなく、実は「麻姑」の手。中国の伝説の仙女・麻姑は鳥のように爪が長く、かゆいところをかいてもらえば、気持ちがいいだろうと。「孫の手」は竹で作られたものが多い。

かつら

もともとは鬘（かずら）。つる草や花などを髪飾りにしたのが始まり。いまは足りない頭髪を補う目的が主流で、かもじ、そえがみとも。

まな板

いまは俎板と書くが、「まな」とは「真魚」あるいは「真菜」で魚や野菜を調理するときに使う板のこと。まな板の素材は木が多く、檜、イチョウ、朴（えのき）などが主流だったが、プラスチック、合成ゴム、稀にはガラスなども使うようになってきた。

ガリ

ショウガを薄く切って甘酢漬けにした寿司に欠かせない付け合わせ。食感がガリガリする、あるいはショウガを削るとガリガリと音がするところから。醤油を紫、酢飯をシャリ、茶をアガリと呼ぶのと同じ寿司屋の符牒。

マンサク

「まず咲く」を東北弁で「まんずサク」と訛ったのが語源らしい。その他に「豊年満作」の前兆だという説もある。いずれにしても花期が早く珍重される植物。

回して遊ぶ**コマ**
古くは
「こまつぶり」というが？

こめかみ
米と関係ある？

みぞおちって
どこ？ 何？

漢字につける**ルビ**って
本当は何語？

じゃがいも
大好きですが、
どこから来た？

おいしい**シャリ**！
でも、語源は……？

すき焼きの
「すき」って何だろう？

名を刺すと書いて、
なんで**名刺**なの？

イカを開いて干すと
なぜ**スルメ**になる？

コマ

独楽と書く。古くは「こまつぶり」と呼ばれる。コマは「高麗」。高麗の回転を特徴とする歌舞から。つぶりは「円（つぶ）ら」の転じたもの。つぶりが略されて、コマと呼ばれるようになった。

こめかみ

耳の上部と目尻のあいだの、ものを噛むと動く部分。米を噛むと動くので「こめかみ」となった。何を噛んでも動くが、日本人の主食は米なので。「顳顬」は難読漢字クイズのトップ10。

みぞおち

医学的には「心窩部」といって胸骨の下、へその上あたりのことをいう。水を飲んだとき、落ちるところから「水落ち」が変化したという説と、みぞおちの部分が鳩の尾のように見えるので「鳩尾」という字を当てるという説がある。

ルビ

ふりがなのこと。明治時代に始まった活版印刷用語。イギリスから輸入されたルビをふるための5・5ポイントの活字の呼び名がルビー（ruby）であったことから。一九世紀のイギリスでは活字に宝石の名をつけていた。

じゃがいも

「ジャガタラいも」の略。慶長年間にジャカルタから渡来して、じゃがいもに。じゃがいもを馬鈴薯というのは中国語「マーレンシュー」（マレー産のいも）の漢字読み。

シャリ

酢飯のことだが、もとは仏教語のシャリ。サンスクリットの米を意味する単語「シャーリ」が語源。ちなみに仏舎利のシャリは、「肉体・遺体」を意味して、仏陀の遺骨を米に結びつけているようだ。

すき焼き

明治維新前は、まだ肉食が嫌われていたので、屋外で鳥やイノシシの肉などを鋤に載せて焼いて食べたことからついた名前。すき身の肉を使うからという説もある。関西では砂糖と醤油、関東では出汁の味付けが主流。

名刺

昔、中国で竹木を削って、これに姓名を記したものを「刺」といったところから。一枚ずつ手作りだった当時には、いまのように誰にでも配るということもなかったにちがいない。

スルメ

ヤリイカ、ケンサキイカ、スルメイカなどを開いて干したもの。墨を吐く群れ「すみむれ」が転じてスルメに。日持ちがよいので、末長く幸せが続く縁起物として扱われ、結納品には「寿留目」の当て字を使って用いられる。

青果商のことをなぜ**八百屋**というのか？

浴衣と書いてなぜ「ゆかた」と読ませるのか？

八十八夜っていったい、いつのこと？

小豆（あずき）の命名の由来は？

肩書きには意外な意味もある！

レジュメよく使う言葉ですが、何語？

アメダスというのは雨だす？　違います！

サンショウウオどうしてそう呼ばれる？

のっぺい汁ってどんな汁？

八百屋

八百は「八百万《やおよろず》の神々」と使うように、たくさんという意味。数多くの品物を扱うので「八百屋」と。また江戸時代には青果物を扱うので「青屋（あおや）」と呼ばれた店が訛って「やおや」になったという説もある。

浴衣

平安時代の湯帷子（ゆかたびら）が原型といわれる。湯帷子は沐浴するときの衣だったが、安土桃山時代から、湯上がりに水分を吸い取らせるために着るようになった。「ゆかた」は「ゆかたびら」の略。

八十八夜

立春から数えて八十八日目。毎年、五月二日ごろ。遅霜の発生する時期で、農家に注意を促す日でもある。この日に摘んだ茶は上等で、この日にお茶を飲むと長生きできるといわれる。

小豆

大豆より小さいのが小豆。「あ」は昔から赤い色を表わす語で、「つき」「づき」には溶けるという意味があった。ほかの豆より赤くて崩れやすいので「あずき」と呼ばれるようになった。

肩書き

名前や印刷物などで、氏名の上部や右肩に職名・官位などを添えて書いたもの。意外なところでは犯人・容疑者の前科の意味もある。まさか名刺に自分の前科は書かないだろうが。

レジュメ

レジュメはフランス語で要約・概論・解説書の意。論文の内容などを簡潔にまとめたり、セミナーや研究会などで配布される発表内容を要約して書いたもの。最近、履歴書もこう呼ばれるが、これは英語のレジメが履歴書という意味だから。

アメダス

もちろん「雨だす」ではない。地域気象観測システム（Automatic Meteorological Data Acquisition System）の略。AMDASとしないで、AMeDASとしたのは、「雨だす」としたほうが面白いとの提案からだというエピソードもある。

サンショウウオ

山椒魚。体にあるイボに触れると白い汁を出し、その汁が山椒の匂いと似ているので、そう呼ばれるようになったが、古くは椒魚（はじかみいお）という名前で呼ばれていた。半分に裂いても死なないので、「ハンザキ」ともいわれていた。

のっぺい汁

能平や濃餅と書く。ぬらりとしたの「ぬっぺい」がなまって「のっぺい」。具だくさんの汁に葛粉などでとろみをつけたもの。

本音と**建て前**
建築に関係あるの？

ひょっとこ
「火男」以外にも語源が！

雷（かみなり）
どんな言葉から
始まった？

クリスマスを飾る
ひいらぎの
語源とは？

陰で操る人のことを
なぜ**黒幕**という？

まだ会ったことはないが
カッパの語源は？

ヘルシー、おいしい
がんもどきの
語源は？

読書に欠かせない
しおりの由来は？

ごまめ
やっぱり胡麻とは
関係なかった！

建て前

「本音は違うが、建て前としては……」とよくいうが、建て前は建築の上棟。建築は棟梁の考えどおりにするところから、「表向きの考え・方針」という意味として使う。

ひょっとこ

口をとがらせたひょうきんな顔でおなじみの面。竈（かまど）の火を竹筒で吹く「火男」が訛ったという説と、口は徳利のようだが「非徳利」だという説がある。また、臍から金を生む奇妙な顔の「ヒョウトクス」という子供の民話が岩手県に残っているので、この民話からきたとも。

雷

ゴロゴロととどろく大音響を恐れてか、「神鳴り」が語源。一部地方の方言で「カンダチ（神立）」、「ハタタガミ（はためく神）」など、神の仕業の言葉が残る。

ひいらぎ

モクセイ科の植物。葉のふちはトゲ状になっていて、触るとひりひり痛む。このような痛みを古語で、疼（ひひら）く、疼（ひいら）ぐといったことから。柊の文字は冬の代表的な植物として当てられた。

黒幕

歌舞伎の大道具で舞台一面に張って場の変わりめや背景とするもの。黒子と同様に観客には見えない約束なので、転じて、表面に立たず陰で操る人のことをいう。

カッパ

頭に皿があり、甲羅や水かきを持つ想像上の動物。河童と書く。初めはそのまま「かわわらわ」と読んだが、音変化して「かわわっぱ」、そして、さらに短くなった。胡瓜のことをカッパというのはカッパの好物だから。

がんもどき

豆腐を崩したなかに細かい野菜を混ぜ、油で揚げたもの。「がん」は「雁」、「もどき」は真似たもの、そのようなもの。精進料理では魚肉を使えないので、似たような食感、味を期待したらしい。関西では飛龍頭という。

しおり

栞。本の読みかけのところに挟みこんで印にしたもの。ブックマーカー。もとは山道などで木の枝を折って道標にした。「枝折る」ところから。平安時代からの言葉で、栞と使われるようになったのは、江戸時代から。

ごまめ

田作りとも呼ばれる。カタクチイワシの稚魚の乾燥品やそれを調理したもの。昔、大漁のイワシを田畑の肥料にし、豊年を願って「五万米（ごまめ）」と呼んだことから。

腐れ縁というが
本来は「鎖れ縁」！

夏のホームウェア
じんべえの由来は？

目くじらを立てる
「目くじら」って何？

与太郎って
落語に出てくるけど？

うちの**宿六**には
親愛の情もある？

やもめを漢字で書くと
意味がよくわかった！

フリーマーケットって
自由な市場ではない？

耳学問って
いい意味？ 悪い意味？

まぬけ
間が抜けると、
どうなるのか？

腐れ縁
「腐った関係」のように使われることが多いが、実は「鎖れ」が正しく、鎖のように切ることができない間柄のこと。だから、友人どうしのことを指すよりは、やはり男女のやっかいなおつきあいを表わすときに使うほうが妥当。

じんべえ
甚兵衛（甚平とも）の略で、甚兵衛さんが着ていたという説もあるが、武家の用いた陣羽織から変化してきた和装服とも。筒袖になったのは大正時代。夏場のホームウェアとして定着。

目くじら
目くじらとは目尻のこと。昔、目くじりといっていたので、それが訛って目くじらに。「目くじらを立てる」とは「目尻を吊りあげて怒る」の意味で、もちろん鯨とは何の関係もない。

与太郎
もともとは人形浄瑠璃で知恵の足りない、愚か者のことを指した。さらに「与太者」というのは「ヤクザ者」という意味で使われるようになった。

宿六
「宿のろくでなし」の意。宿は家のことなので一家の主人を指すが、「うちの宿六が」というときには、卑しめるときにも、親愛の情を示すときにも用いられるようだ。さて、どちらの意味で使われているのだろう？

やもめ
配偶者を亡くした女性。もとは「屋守女」と書き、独身女性のことだったが、漢字を当てるとよくわかる。「家を守る女」。男を指して「やもお」という言葉もあった。現在は「女やもめ」「男やもめ」というふうに使われている。

フリーマーケット
フリーマーケットを「自由市場」と誤解している人が多い。フリーとは「自由（free）」ではなく、「蚤（flea）」なので、つまり「蚤の市」。フランスの地下鉄の駅近くに始まった古物市のこと。古いものを出すのが正しい。

耳学問
他人の意見を聞きかじって得た程度の低い知識。『荀子（じゅんし）』に「上学は神に聴く、中学は心に聴く、下学は耳に聴く」とあるのが語源となっている。

まぬけ
することに抜かりがあり、間が抜けたこと。とんま。芝居や舞踊などで本来あるべき「間」、時間的空間がないと拍子が抜けてしまったり、調子が外れてしまったりして、失敗につながることから。鈍い行為を揶揄（やゆ）するときに使われるようになった。

えっ！
ポンコツって
そういう
語源だったのか！

ポン酢は
意外な国からの
言葉だった！

ボイコットって
人の名前だった！

婚約の証の品をなぜ
結納というのか？

番頭さんがいたのは
商家や
宿屋だけじゃない！

商家の少年店員をなぜ
丁稚（でっち）
というのか？

平安時代からあった
引き出物の由来は？

たんたん**タヌキ**の
語源はさまざま！

軽はずみで下品な女を
なぜ**はすっぱな女**
という？

ポンコツ
もとはゲンコツやカナヅチという意味で使われていた。古くなったものをポンコツでたたき壊して解体することから転じて、廃品に。「ゲンコツ」を聞き間違えた西洋人が「ポンコツ」といったのが語源ともいう。

ポン酢
橙やスダチなどを搾った汁。もとはオランダ語の「ポンス(pons)」で、アルコールに砂糖や果汁を入れて作ったリキュール酒のことだが、これにはレモンなどの果汁が入るので、柑橘系の絞り汁の呼び名となった。

ボイコット
一八八〇年にアイルランドで小作人から排斥を受けた地主の差配人・ボイコット大尉の名前に由来する。組織的に取引を断絶すること、相手を共同して排斥することの意。

結納（ゆいのう）
「言納（いいいれ）」を「結納（ゆいいれ）」と訛り、さらに「納（いれ）」をノウと音読したもの。「納采」「ゆいれ」ともいう。婚約の証に婿・嫁双方からたがいに金銭・品物を取り交わすこと。

番頭
組織やグループの長、「番」の「頭」をいう。商家の使用人の頭の意味で使われることが一般的だが、平安時代から院庁の判官、宮中の見張り役、荘園の番の有力名主などに使われてきた。幕府や藩の番衆でも。銭湯の番台にいる人を指した時代もあった。

丁稚
職人や商家に奉公する少年のこと。「丁稚奉公」という言葉もあった。「弟子」が変化して「でっし」からという説、若者や身分の低い者を意味する漢語「丁稚（ていち）」からという説がある。

引き出物
招待した客に主人から贈るもの。平安時代、馬を庭に「引き出して」贈ったことがこの言葉の始まり。その後は武具を贈ったりしたが、現在では、かつお節や砂糖など宴の膳に添えるもの、土産物に変わった。

タヌキ
平安時代の書物に「太抜木（たぬき）」とすでに記されているが、タノキミ（田君）が訛ったもの、タノケ（田の怪）や田猫を意味するなど、語源説はさまざま。

はすっぱな女
蓮っ葉と書く。蓮の葉が水をはじくときのように軽はずみだという意味。その他に「蓮葉商い」は盆の時期にしか行なえないので、一時的なものでしかないという説もある。女性に限定して使われるようになったのは井原西鶴の「蓮葉女」の影響か。

成り上がりの金持ちを
なぜ**成金**という？

和菓子の
最中（もなか）って
なぜ、そう呼ばれた？

へそくりの
意外な語源とは？

羊羹（ようかん）って
羊と関係があるの？

浮き名を流すの
「浮き名」って何のこと？

落葉樹の**イチョウ**
どうしてそう呼ばれた？

マンモスって、
なんとロシア語だった！

てっぽうとも呼ばれる
フグの語源は？

健康食品の**納豆**
名前の由来は？

成金
もとは将棋の用語で歩や香車、桂馬などが敵陣の三段目以内に入った状態をいう。金と同じ性能を持ち、「成金」と呼ばれる駒になるので、そこから急に金持ちになることの意に転じた。

最中
「池の面に照る月波を数うれば今宵ぞ秋のもなかなりける」（拾遺和歌集にある源順の歌）を知っていた公家が月見の宴に出された白い餅菓子を「もなかの月」といったことから。その後は円形でないものも「最中」と呼ばれるようになった。

へそくり
倹約してこっそりためた金。「へそくりがね」の略。麻糸を巻きつける糸巻き「綜麻（へそ）」を繰る内職でためた金のこと。また「臍（ほぞ）」に納めて繰り出すから「ほそくりがね」とも。

羊羹
もともとは中国の食べ物で、文字どおり「羊の羹（あつもの）」。羊の肉をスープにし、冷まして煮こごり状態にしたもの。鎌倉時代に禅僧が日本に持ち帰ったが、禅宗では肉食は禁じられていたので、羊肉のかわりに小豆を使って代用したという。

浮き名
男女間のスキャンダラスな話題のときに使われる。もとは平安時代の「憂き名」で、本人にとってはつらい評判。「うき」という音から、流れたり浮かんだりする状態が連想され、「浮き」に。

イチョウ
銀杏・公孫樹・鴨脚樹と書く。葉が鴨の足に似ているので名づけられた鴨脚の中国音「ヤーチャオ」から転化。かつては「一葉」で「いてふ」と考えられたが「いちやう」が正しい。

マンモス
長鼻属ゾウ科の大型哺乳類の総称で、四百万年前から一万年前まで生息したといわれる。マンモスはロシア語で「土の動物」の意。生きたマンモスを目撃することはなく、土のなかから発掘されるからか。

フグ
河豚と書くが、もとはフク（腹）と呼ばれ、ぷっくりしたあの腹が名前の由来となっていた。あたれば死んでしまうので「てっぽう」という異名も持つ。「ふくべ」「かとん」「ふくと」「ふくとう」と呼ばれることもあった。

納豆
精進料理で納所（なっしょ＝寺院の倉庫）で作られたので、納豆の名がついた。蒸し大豆を稲の藁で包んで保温し、藁の納豆菌で発酵させるのが本来の作り方。

「おかいこさん」と呼ばれる**蚕**の命名の由来は？

おいしい**イクラ**いったい何語？

コブシ咲く北国の春
握り拳が語源？

福神漬けのめでたい名前の由来は？

演歌の意外な前身とは？

女三界に家なし
三界って何？

二つ返事って
いい返事？ 悪い返事？

なああの語源
なあなあではすみません

皮肉の
「皮」って？ 「肉」って？

蚕
飼い蚕（こ）という意味だという説がある。ほかに蚕の祖先が東アジアに生息するクワコであるから、そこから名づけたという説も。「おかいこさん」と敬称つきで呼ぶほど、大切にされる虫。完全な「飼い蚕」なので人間が管理しないと生きられない。

イクラ
鮭の卵を塩に漬けた食品。ロシア語。ロシアでは鮭の卵に限らず、「魚卵」「小さくて粒々したもの」がイクラと。キャビアもタラコもすべて「イクラ」。

コブシ
果実が集合果で、握り拳のようにゴツゴツしているから、この名がついたという説と、つぼみの形が拳に似ているという説がある。日本語では「辛夷」と書くが、この字を使うと、中国では「モクレン」のことになる。

福神漬け
大根、ナス、鉈豆（なたまめ）、白瓜、蓮根、シヨウガ、紫蘇の実など七種類の漬物。大黒天、恵比須、弁財天などめでたい七福神になぞらえて名づけられた。一八八五年に初めて発売されている。

演歌
明治大正時代に自由民権運動の壮士たちが演説のかわりに歌った壮士節に始まり、その後、政治から離れて、テーマも人情のに移り、現代の演歌に。哀愁を帯びたメロディで、艶っぽい歌詞が多く、艶歌とも書くようになった。

三界
もともと仏教の言葉で「欲界」「色界」「無色界」をいう。人間が活動する世界と解釈すればよいが、女はどこにも安住できないという意味。すでに死語か。

二つ返事
誰かから何か頼まれ事をしたときに「はいはい」と、ためらわず、すぐに気持ちよく引き受けることをいう。ただし、「返事は一回で！　はいだけでいい」といわれることもあるので、目上の人には「はいはい」は使わないほうが無難です。

なあなあ
感動詞の「なあ」をふたつ重ねたもの。相手と適当に折り合いをつけ、いい加減にすませること。歌舞伎で内緒話をするとき、「なあ」「なあ」と受け答えをする場面からといわれる。

皮肉
痛烈な批判や当てつけ、いやがらせなどのこと。もともとは文字どおり皮と肉のことで、物事の神髄まで届かない表面的なところを遠回しに辛辣（しんらつ）に批判するので。

あいかたは
漫才の言葉では
なかった！

ほらふき
いったい何を吹いた？

手玉に取るの
手玉って何の玉？

ノミ屋・ノミ行為の
ノミって？

風呂の語源って、
いったい何？

しじみ
美味しいのは
知っているが、語源は？

大好き！
辛子**明太子**！
語源は？ 発祥は？

アテレコ
どんな造語？

オミナエシ
語源は美女か？ 飯か？

あいかた
相方と書く。漫才ブームからすっかりおなじみになった言葉。もともとは三味線の合いの手を入れる人のこと。そこから始まり、相手をする人のことと発展した。相棒。

ほらふき
大袈裟なことをいったり、大言を吐いたりする人のこと。修験者や山伏は山に入るとき、獣よけに法螺貝を吹いた。この法螺貝、思いのほか、大きな音がするので、小さなことを大袈裟にいったりすることを指していうようになった。

手玉
「手玉に取る」は人を弄び、思いどおりに操ったり、翻弄することをいう。女の子のおもちゃのお手玉も、大道芸人などが曲芸で使う小さな玉も自由自在に操ることから。

ノミ屋
競馬・競輪などの公営競技を利用して、私設の投票所を開設している者のこと。客の勝ち分をまるまる「呑みこんで」しまうところから、つけられた名前。その行為は「ノミ行為」といって、もちろん違法。

風呂
もともと「窟（いわや）」や「岩室（いわむろ）」の意味をもつ「室（むろ）」が変化したものであるという説と、抹茶を点てるときに使う釜の「風炉（フロ）」からくるという説がある。元来は蒸し風呂だった。

しじみ
淡水域や汽水域に生息する。二枚貝のなかでは非常に小粒なので「縮み」が転じて名づけられた。江戸時代から肝臓によい食材といわれ、みそ汁、佃煮などに欠かせない。

明太子
辛子明太子は明太子として定着しているが、朝鮮語でスケトウダラのことを「ミョンテ（明太）」といったのが始まり。明太の卵だから、明太子。ちなみに朝鮮半島にある「辛子明太」は唐辛子で味付けしたタラのこと。

アテレコ
映画やドラマで実際には演じていない声優や俳優がその部分だけ、「当てて」レコーディングすること。吹き替え。先に画面を録っておいて「アフター（あとで）レコーディング」した「アフレコ」を模して作られた言葉。

オミナエシ
女郎花。秋の七草のひとつ。オミナは女性のこと。「エシ→ヘシ」は「圧し（へし）」で美女を圧倒する意味。また花が粟粒に見えるので「飯」というふたつの説がある。

ゴルフ用語の語源は？

アホウドリやカツオドリも！

- パーの語源は？
- ボギーの語源は？
- バーディの語源は？
- イーグルの語源は？
- アルバトロスの語源は？
- ブービーの語源は？
- キャディの語源は？

競馬、〇〇記念の命名の由来は？

新妻との結婚記念に生まれた賞も！

- ダービーの由来は？
- オークス（英国）の由来は？
- 日本ダービーの由来は？
- オークス（日本）の由来は？
- 有馬記念の由来は？
- 安田記念の由来は？
- 宝塚記念の由来は？
- 高松宮記念の由来は？

ゴルフ用語の語源は？

ゴルフは、イギリス・スコットランド発祥のスポーツ（娯楽）。穴ぼこ、強い風、砂地、スコットランドの自然に生まれた。もともと野ウサギの開けた穴に、棒で石を転がし、そこに入れたのが始まりとか。全英オープン（セントアンドリューズ）が最古の国際大会。コースは当時のスコットランドの風景をそのままにしたもの。なお、現在のゴルフ用語はアメリカ語。おおかたは鳥に関係したものだ。

「**パー**」は、基準打数に「等しい」こと。「**ボギー**」は、基準打数に1打多い。「お化け／国籍不明機」といわれている。「**バーディ**」は基準打数に1打少ない。「鳥のような」の意味。「**イーグル**」は、基準打数より2打少ない。「鷲のような」の意味。「**アルバトロス**」は、基準打数より3打少ない。「あほうどりのような」の意味。「**ブービー**」は、参加者で最下位。ドジな鳥のことで「かつおどりのような」の意味。わが国では最下位の一つ上をいう。なお「**キャディ**」は、フランス語で「小姓」のこと。スコットランド女王が、小姓を連れてゴルフをしたのが由来といわれている。

競馬、○○記念の命名の由来は？

競馬は貴族の娯楽。イギリス発祥で、**ダービー**の開催（一七八〇年）で始まる。ダービーは「ダービー伯爵」の名をとってつけられた若駒の最高栄誉。さらに牝馬の祭典が**オークス**（一七七九年）。オークスとは「樫の木」。第十二代ダービー伯爵が、新妻の結婚記念として開催し、新妻を称して「オークスの森の処女」と。やがてわが国の競馬も、それぞれ記念がつくられた（中央競馬会主催）。主たるＧ１レースは、「**日本ダービー**」。三歳馬。二四〇〇ｍ。一九三二年「東京優駿競走」と名づけられる。競馬界最高栄誉。「**オークス**」。三歳の牝馬のみ。二四〇〇ｍ。一九三八年「優駿牝馬競走」と。「**有馬記念**」。全競走馬。二五〇〇ｍ。中央競馬会理事の有馬頼寧の急逝を偲び、一九五七年に。年度最強馬（グランプリホース）を決定する。「**安田記念**」。全競走馬。一六〇〇ｍ。中央競馬会理事の安田伊左衛門を記念して。一九五一年に。「**宝塚記念**」。全競走馬。二二〇〇ｍ。関西の競馬復興のため。一九六〇年に。春のグランプリホース決定。「**高松宮記念**」。全競走馬。一二〇〇ｍ。高松宮様の競馬会総裁就任を記念して。

ボクシング用語の語源は？

麦ワラに蚊もいれば蝿もいるぞ！

- ミニマム級とは？
- フライ級とは？
- バンタム級とは？
- フェザー級とは？
- ライト級とは？
- ウェルター級とは？
- ミドル級とは？
- ライトヘビー級とは？
- クルーザー級とは？
- ヘビー級とは？
- ストロー級とは？

相撲とりの階級の語源は？

横綱、三役から序の口まで

- 横綱とは？
- 大関とは？
- 関脇とは？
- 小結とは？
- 前頭とは？
- 十両とは？
- 序の口とは？

ボクシング用語の語源は?

かつて7階級（フライ、バンタム、フェザー、ライト、ウェルター、ミドル、ヘビー）しかなかったプロボクシング界も、今や17階級にも。その主なる名称をあげると、以下のようになる（軽量級から）。

ミニマム級は「極小」の。**フライ級**は「蠅」のような。**バンタム級**は「チャボ」のような。**フェザー級**は「羽」のような。**ライト級**は「軽い」。**ウェルター級**は強打するという意味の welt に由来。**ミドル級**は「中間」の。**ライトヘビー級**は「中量」の。**クルーザー級**は「巡洋艦」のような。**ヘビー級**は「重い」。なお、アマチュアでは、ミニマム級と同じ階級が「**ストロー級**」。つまり「藁」だ。

現在ではこれらの他に「スーパー」がつくため、なんと「17階級」の世界チャンピオンが存在することとなった。しかもWBA（世界ボクシング協会）やWBC（世界ボクシング評議会）などの団体がそれぞれチャンピオンを認定している。そのため、倍のチャンピオンが。（ただし、2階級、3階級制覇の実力者がいるから、それよりも少ないが）。完全な「チャンプ安売り」世界に。

相撲とりの階級の語源は?

相撲は古代からの宮中行事、神前行事だったが、江戸時代に今日の相撲興行となり、階級が生まれた。力士の階級は、上は横綱、大関、関脇、小結、前頭、十両、幕下、三段目、二段目、最下位の序の口と九段階に分かれる。そして十両以上を関取といい、それぞれ意味がある。

横綱は最高位。しかしもともと階級でなく名誉号。大関の中で最優秀者に白麻の注連縄（しめなわ）を締めることが許された。これが横綱。明治末から現在の最高位に。**大関**は力士の最上位。古来、最手（ほて）と呼ばれたが、後に「関」となった。関は関門のこと。これを越えたものが大関。**関脇**は、この最手脇（ほてわき）のこと、つまり大関の脇を固める地位のこと。**小結**は、結びの前を取ることから。**前頭**はもともと番付にのらない前相撲に対する「頭」の意味。一般には幕の内力士をいう。**十両**は、幕下と幕の内の中間で、その給金が「十両」のところから名づけられた。以上が関取と呼ばれた。以下は幕下で最下位が**序の口**。つまり入門し初めて番付に名前がのること。まさに物事のはじまりの言葉となった「序の口」。

太閤・判官・黄門の由来は?

太閤さんといえば
豊臣秀吉だが?
判官殿といえば
源義経が有名だが?
黄門さまというのは
水戸光圀だけではない!

藤がつく姓が多い理由は?

平安時代に**藤原氏**が
全国に役人を派遣したから!

- **佐藤**さんの由来は?
- **伊藤**さんの由来は?
- **近藤**さんの由来は?
- **加藤**さんの由来は?
- **遠藤**さんの由来は?
- **斎藤**さんの由来は?
- **工藤**さんの由来は?

太閤・判官・黄門の由来は?

太閤さんといえば「豊臣秀吉」。太閤記で有名だが、太閤さんは、歴史上では多数いる。もともと太閤とは、政界のトップ摂政・太政大臣のこと。後に関白職を後進に譲り隠居した名称で、固有名詞ではない。なお太閤で出家すると「禅閤(ぜんこう)」という。

同じように「**判官**」も。もともと平安時代から生まれた各役所のランク(四等官)の長官、次官に次ぐ第三位のことを「ジョウ」(丞、尉、判官などと書く)と呼んだ。そして検非違使(けびいし・検察、訴訟担当)の三位が判官。たまたま源義経が検非違使の判官に任ぜられ「判官」殿と呼称したのだ。もちろん普通名詞。悲劇の義経を哀れんで生まれた言葉が「判官びいき」。やがて判官は義経に。

黄門さまも。水戸黄門漫遊記は、史実ではないし、黄門さまが水戸光圀の専売特許でもない。もともと黄門とは中国の官制の黄門侍郎(門下省次官)のこと。これがわが国では「中納言」のこと。つまり中納言職であれば黄門(侍郎)さまなのだ。これも何十人といたわけだ。江戸時代、水戸家は中納言職(尾張、紀州は大納言)。つまり水戸さまが「黄門」と呼ばれたゆえんなのだ。

藤がつく姓が多い理由は?

日本で最も多い姓は「佐藤さん」。次いで鈴木、田中、渡辺、高橋などが続く(順不同)。そのほかに斎藤、伊藤、後藤、工藤、近藤、加藤、遠藤さん。これ、みんな「藤」がつく。つまり出が「藤原氏」なのだ。

平安時代から藤原氏は公家のトップから最下級の役人までネズミ算式にふえ、全国に拡散。それらの地に藤原だけではわかりにくいから伊豆、伊勢の藤原で、「**伊藤**」。近江の藤原で「**近藤**」。加賀は「**加藤**」。安芸は「**安藤**」。遠江の「**遠藤**」といった具合に名乗った。また役職で斎宮職の藤原で「**斎藤**」。近衛職の藤原で「**近藤**」。木工職の藤原で「**工藤**」さん。そして**佐藤**さんは、左衛門職の藤原であったり、佐野(栃木)の荘の藤原であったりする。なかには名門同士の結婚で、阿(安)倍氏と藤原氏で「**安藤**」というのもある。

ともかく、日本全国藤原氏なのだ。これを「馬の糞」(どこにでもある)というが。ちなみに佐藤さんと一、二を争う鈴木さんは、もともと神主さん。それも熊野三社の。この神主さんが全国に出かけ、熊野信仰(五穀豊穣を願う)を広めたため。

師走など月の命名の語源は？

師走は先生が走り回るほど忙しいから？

- 睦月の語源は？
- 如月の語源は？
- 弥生の語源は？
- 卯月の語源は？
- 皐月の語源は？
- 水無月の語源は？
- 文月の語源は？
- 葉月の語源は？
- 長月の語源は？
- 神無月の語源は？
- 霜月の語源は？
- 師走の語源は？

マンションなど集合住宅の語源は？

わかるようでわからないカタカナ住宅

- アパートの語源は？
- コーポの語源は？
- マンションの語源は？
- メゾンの語源は？
- レジデンスの語源は？
- カーサの語源は？
- ハイツの語源は？

師走など月の命名の語源は?

十二月を「**師走**」というのはよく知られている。年の暮れで、教師や坊さんも走り回るほど、忙しいからだと。

これ、完全な俗説。実は一年の仕事をやりとげる「為果(しは)す」の月のこと。

このように月の命名にはそれぞれ意味がある。

一月は「**睦月**」。互いに睦み合って新年を祝う月。二月は「**如月**」。春の訪れに草木が更生するから「木更ぎ」(如月と同じ)。三月は「**弥生**」。弥々(いよいよ、ますます)生い茂る月。四月は「**卯月**」。暖かく浮き浮き(卯き卯き)となる月。五月は「**皐月**」。田植えの時期。「早苗の植月」。六月は「**水無月**」。正確には「水月」。水が必要か。梅雨前の渇水期だからとも。七月は「**文月**」。七夕の牽牛織女の詩歌の月。文を伴えるから。八月は「**葉月**」。激しく葉が生い茂る月。九月は「**長月**」。秋の夜長、月が美しい月。十月は「**神無月**」。収穫も終わり、神様が来年の吉凶を占いに出雲に出張。神様がいなくなる月。出雲では「神有月」。十一月は「**霜月**」。寒さ厳しく霜の降りる月。そして師走となる。

マンションなど集合住宅の語源は?

アパートというと木造二階建て、風呂なしのイメージ。これは英語の「アパートメント・ハウス(集合住宅)」の略。やがてイメージが悪いというので生まれた名称が**コーポ**(コーポラス)。共同住宅で二階建て。英語ではなく日本語だ。ここで鉄筋となると「**マンション**」という名称を使う。英語で「大邸宅」の意味だが。一般的には鉄筋三階建て集合住宅。不動産屋も考えた。もっと高級感が必要だと。そこで生まれたのが「**メゾン**」。これフランス語。単なる「家」「住宅」のことだが、ちょっとおしゃれ。さらにはっきりするために名づけられたのが、「**レジデンス**」。英語で「高級住宅」や「大邸宅」のこと。こうなったら何でもあり。家を表わす言葉なら。「**カーサ**」のようにスペイン語やイタリア語も登場。そう「**ハイツ**」も。英語で「高台」のこと。今や田んぼや畑、海岸の埋め立て地を宅地造成し、ゼロメートル地帯に「○○ハイツ」。大阪では単なる長屋、これが「文化住宅」に。確かに、二階建て長屋だから、多少「文化」か。「家賃八千円のレジデンスに住んでいます」「彼女に早く本当のことをいったほうがいいよ」。

おわりに

突然の雨に走り回る人々のことを「道灌《どうかん》」という。道灌とは太田道灌、江戸城を造った有名な武将。「道灌」と「にわか雨」。

太田道灌がまだ名を挙げる前、狩りに出かけた。そこに突然の雨。近くのあばら家で雨具を借りようと、飛びこんだ。だが、そこの娘は、雨具ではなく、盆に載せた一輪の「山吹の花」を。「ワシは雨具を借りにきたのだ」。道灌は怒って、その場を去った。

さてなぜ、山吹の花なのか。道灌、冷静になって調べてみた。

古歌（『後拾遺集』）に云う「七重八重　花は咲けども山吹の　実の一つだに無きぞ悲しき（あやしき）」。

娘は恥ずかしながら、雨具はありませんと。「実の」、と「蓑」にかけた返答だったのだ。不明を恥じた道灌が、こののち勉学に励んだと。

ここに、雨に降られることを「道灌」。ただし、これ落語の話、信用しないように。

要するに「コジツケ」。コジツケは「故事つけ」のこと。昔の故事に理屈をつけて言葉が生まれることが意外と多い。本書もその恩恵を賜っている。

本書は辞書、辞典の類ではない。権威もなければ、見識も伴わない。単なる「ヨタ話」である。新橋、大阪京橋の飲み屋で、オダを挙げるオッサンの会話を収録したと思っていただいて十分だ。

もちろん先人の研究も、また関係する類書は片っ端から、参考にさせていただいた。異説、珍説も単なる語呂合わせも含め、また落語にある、紅葉の名勝、竜田川が、相撲取りの四股名だと、ワケ知りの「ご隠居」の話も。本書はそれもまた文化だと思っている。

最後に、以下の書籍を参考にさせていただきました。

『新語源辞典』山口佳紀編（講談社）／『日本語源大辞典』前田富祺監修（小学館）／『語源辞典』吉田金彦編著（東京堂出版）／『語源大辞典』『日本語語源辞典』堀井令以知編（東京堂出版）／『字訓』白川静著（平凡社）／『古語辞典』（ベネッセ版）／『古語辞典』（旺文社版）／『語源散策』『語源の楽しみ』岩淵悦太郎著（河出書房新社）／『日本故事物語上下』池田弥三郎著（河出書房新社）／『常識として知っておきたい日本語』柴田武著（幻冬舎）／『故事成語ことわざ事典』石田博編（雄山閣）／『目からウロコ日本語がとことんわかる本』日本社編（講談社）／『ものしり大語源』三浦竜著（三笠書房）／『制度通』伊藤東涯著、吉川幸次郎訳（岩波文庫）／『新潮日本語漢字辞典』（新潮社編）／『中国故事物語』駒田信二、寺尾善雄編（河出書房新社）／『日本語知識辞典』『続日本語知識辞典』（学研）／『広辞苑』（岩波書店）／『大辞林』（三省堂）／『三田村鳶魚編、未刊随筆百種』（中央公論社）／『燕石十種』森銑三、野間光辰、朝倉治彦監修（中央公論社）／『仏教ことわざ辞典』勝崎裕彦著（北辰堂）／『誰も知らない語源の話』増井金典（KKベストセラーズ）／『日本語便利辞典』（小学館）／『違いがわかる言葉の辞典』（小学館）／『日本語大辞典』（講談社）

出口宗和（でぐち・むねかず）

1945年、大阪府生まれ。立命館大学文学部大学院中退。雑誌、書籍編集者、文筆業。

現在「市民塾」の講師。

おもな著書に『読めそうで読めない間違いやすい漢字』『太平洋戦争99の謎』『邪馬台国99の謎』『三種の神器の謎』（以上、二見書房）などがある。

趣味は「釣り」と「落語」と「タイガース」。

多摩在住。


本書は、2010年に小社より刊行された書籍の改装改訂新版です。

二見レインボー文庫

答《こた》えられそうで答《こた》えられない語源《ごげん》

著者　出口宗和《でぐちむねかず》

発行所　株式会社 二見書房
東京都千代田区三崎町2-18-11
電話 03(3515)2311［営業］
03(3515)2313［編集］
振替 00170-4-2639

印刷　株式会社 堀内印刷所
製本　株式会社 村上製本所

落丁・乱丁本はお取り替えいたします。
定価は、カバーに表示してあります。

ISBN978-4-576-17131-9
http://www.futami.co.jp/